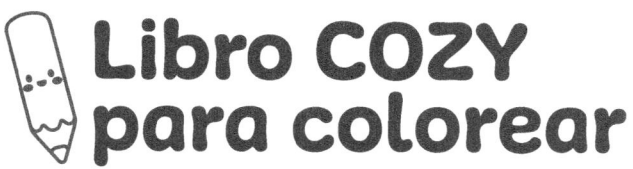

Libro COZY para colorear

JARDINES ACOGEDORES

Adorables escenas al aire libre para horas de diversión coloreando

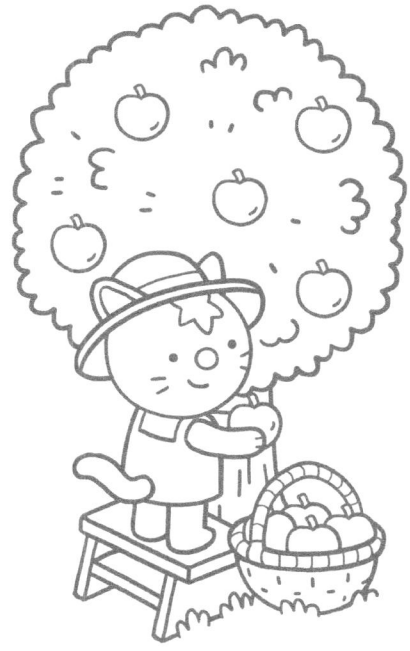

ILUSTRACIONES DE
STEVE JAMES

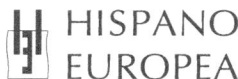

HISPANO EUROPEA

Título de la edición original: Colouring Corner Cosy Gardens

Copyright © Arcturus Holdings Limited
26/27 Bickels Yard, 151–153 Bermondsey Street,
London SE1 3HA

© de la edición en castellano, 2026:
Editorial Hispano Europea, S. A.
E-mail: hispanoeuropea@hispanoeuropea.com

Ilustraciones de: Steve James

Depósito Legal: B 6564-2026
ISBN: 978-84-255-2161-4

Consulte nuestra web:
www.hispanoeuropea.com

Impreso en España

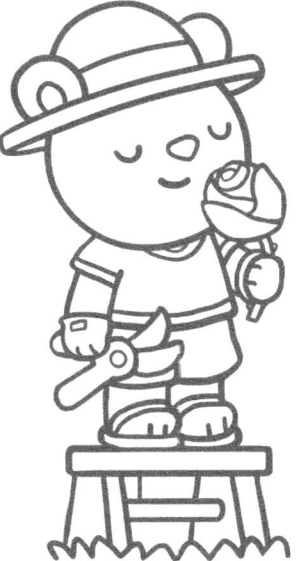

INTRODUCCIÓN

¿Cómo crece tu jardín? Con un montón de hermosas flores, árboles cargados de frutos jugosos y parterres rebosantes de coles, zanahorias y decenas de otras verduras. También hay otras actividades de jardinería, como la apicultura y el recorte de topiarios para crear aves y animales a partir del follaje. Este adorable libro está lleno de todo tipo de escenas de jardín para que las colorees.

Pero no todo es trabajo en el jardín. Es perfecto para jugar, para divertirse con juegos, para fiestas o simplemente para relajarse. Así que observa a los niños jugar con la pelota, recostados en una hamaca con una bebida y un libro, o preparando una barbacoa.

Puedes usar lápices o rotuladores para colorear. Mejora tus dibujos con tus propias técnicas y efectos especiales para darles más dimensión, y comparte tus obras de arte con otras personas que compartan tu pasión.

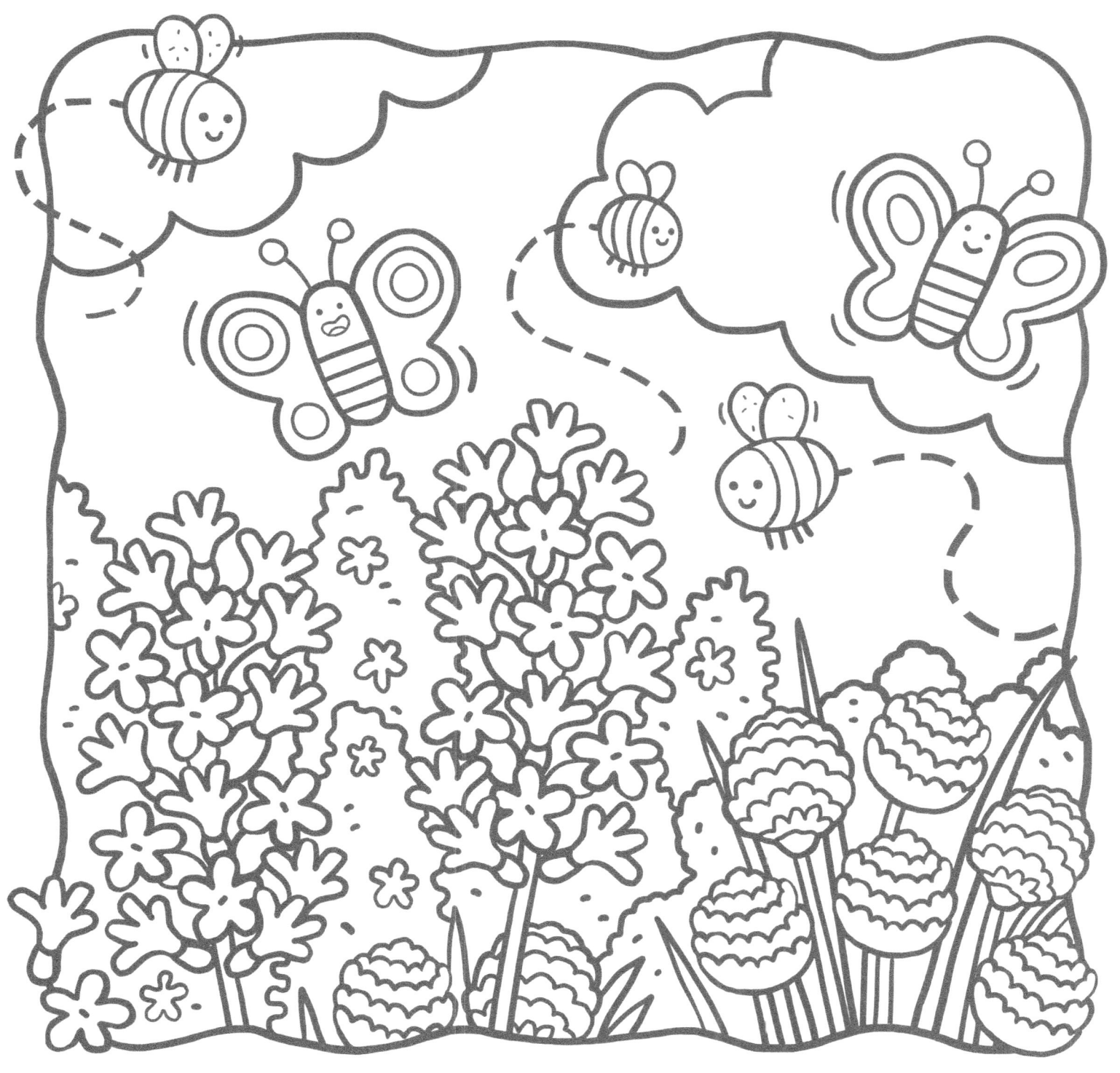

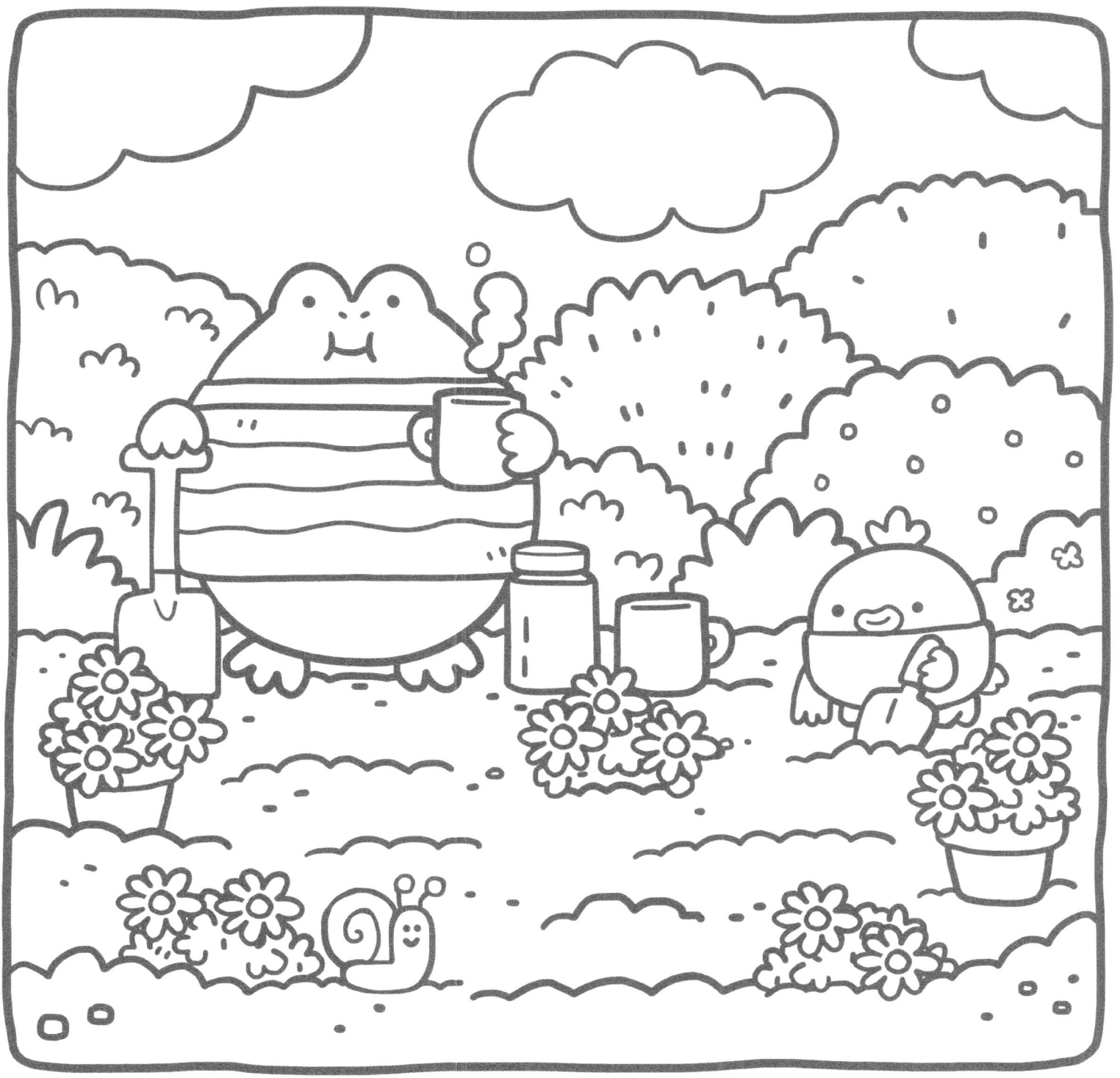

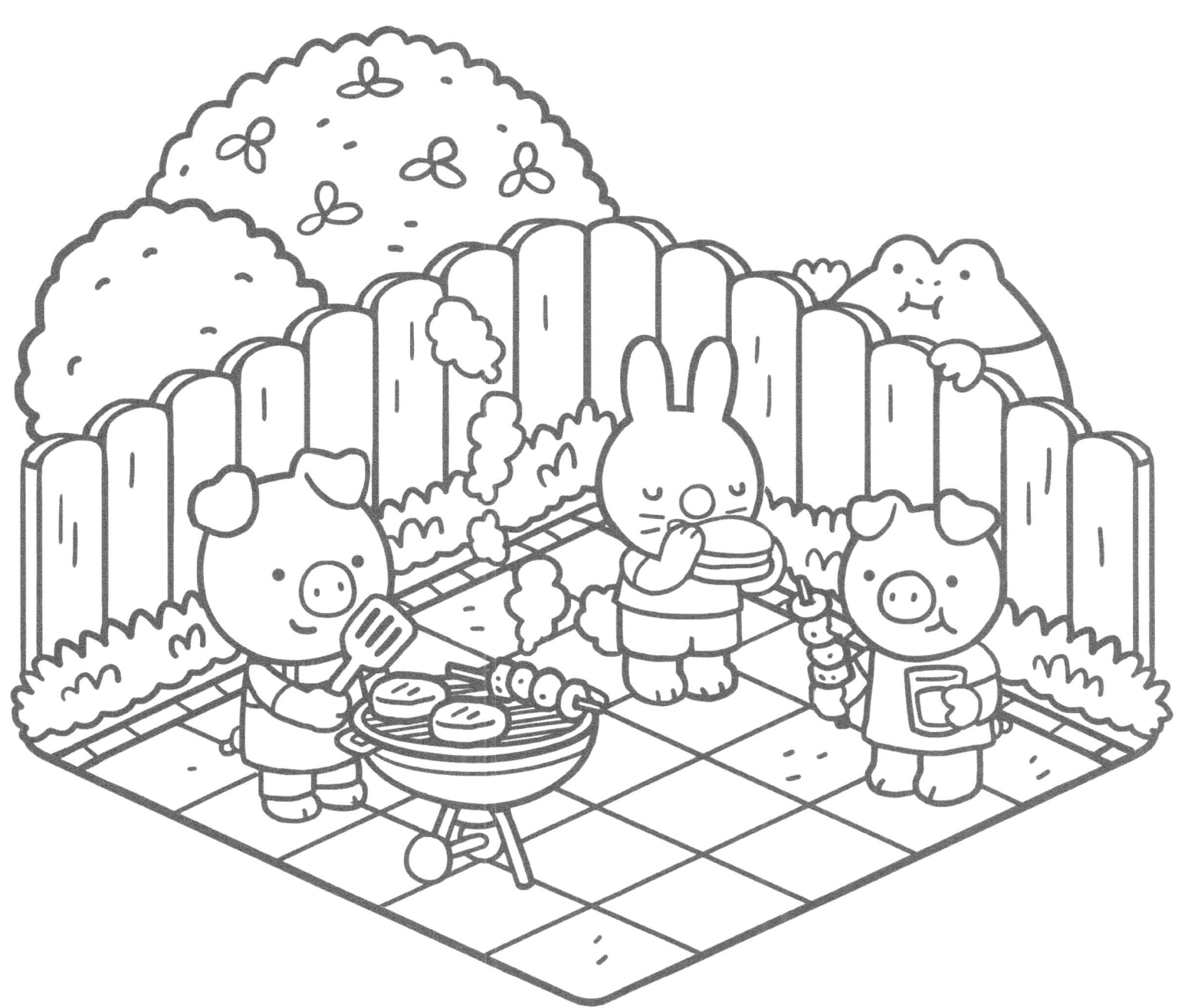

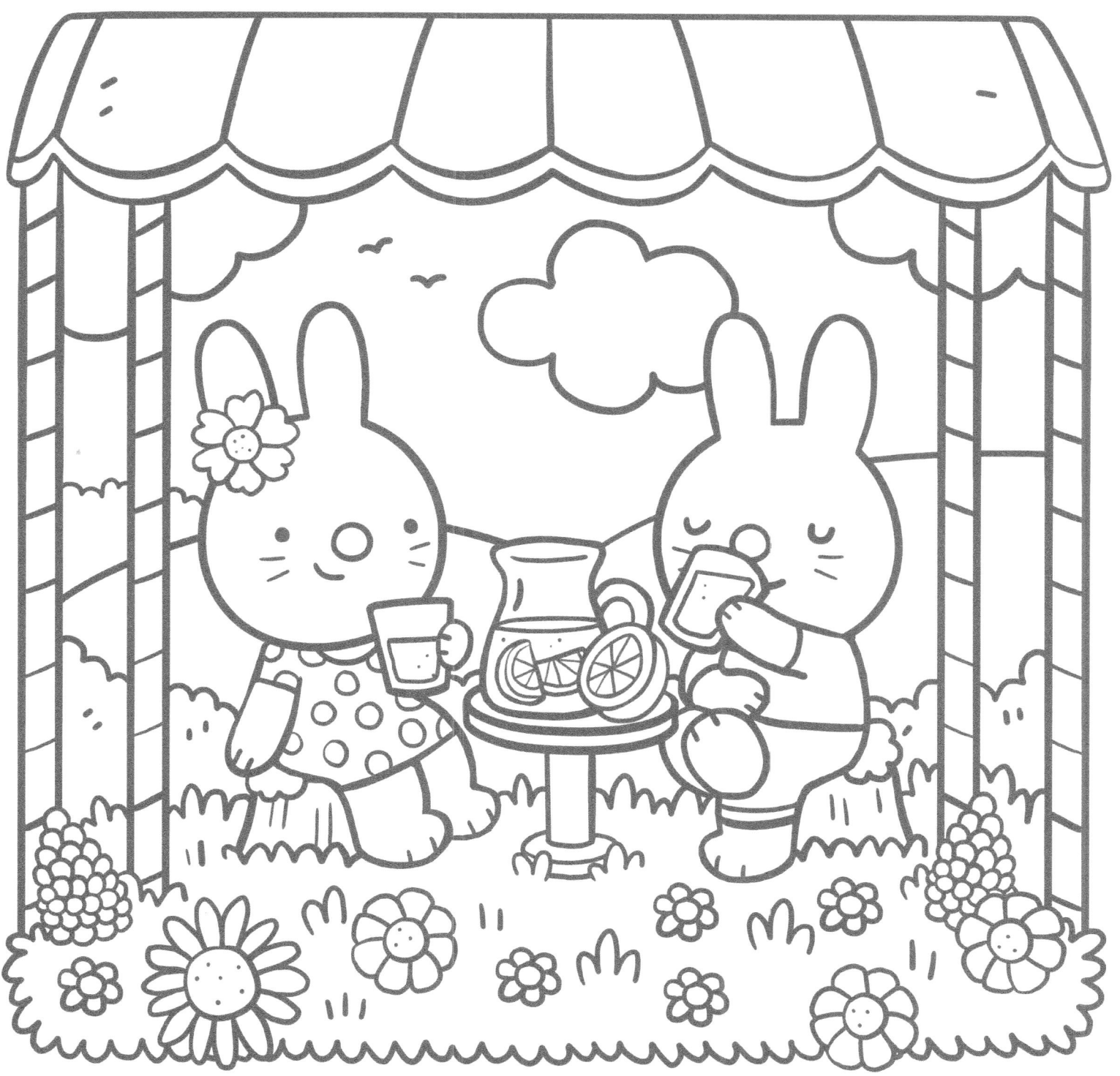

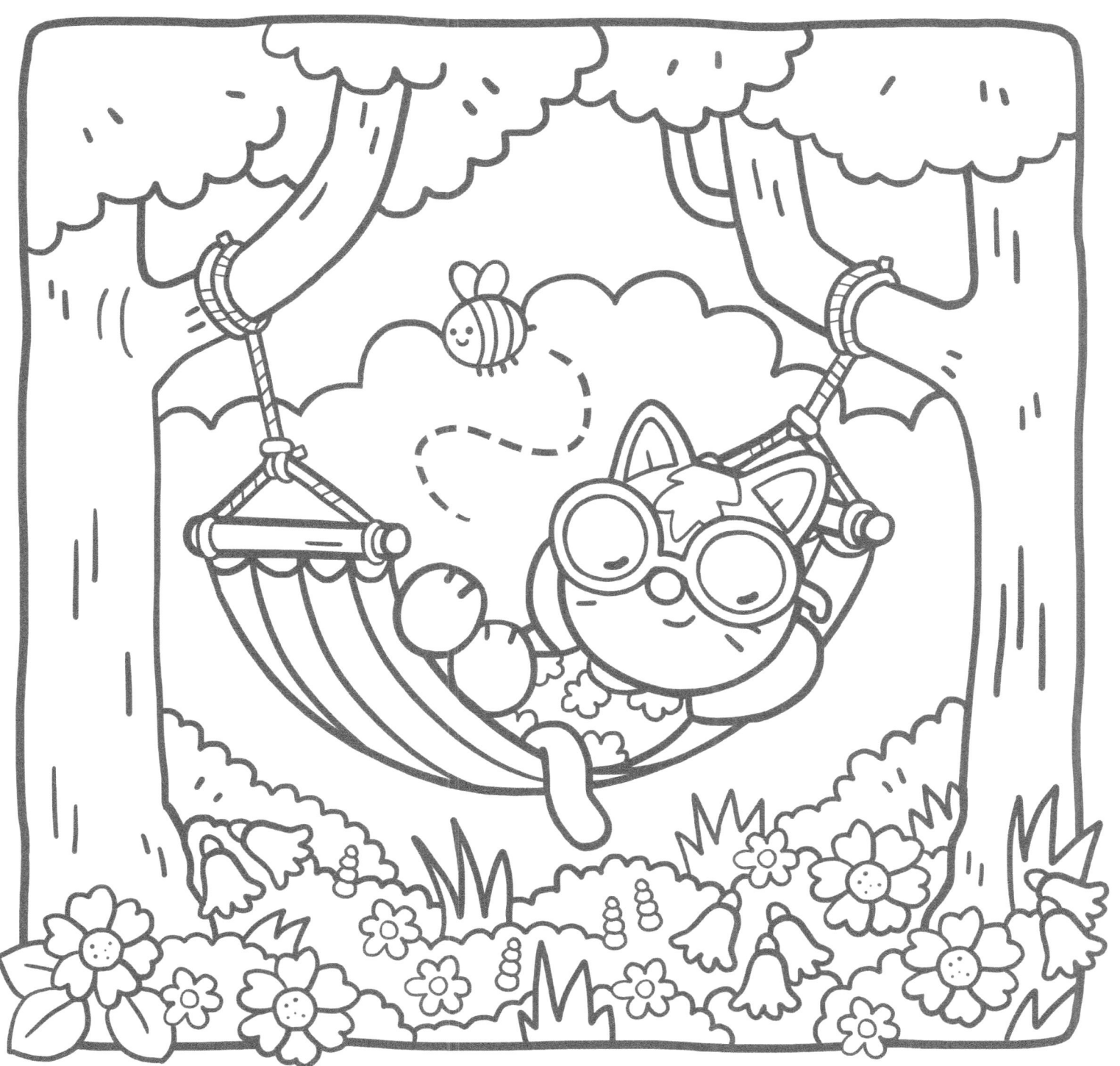

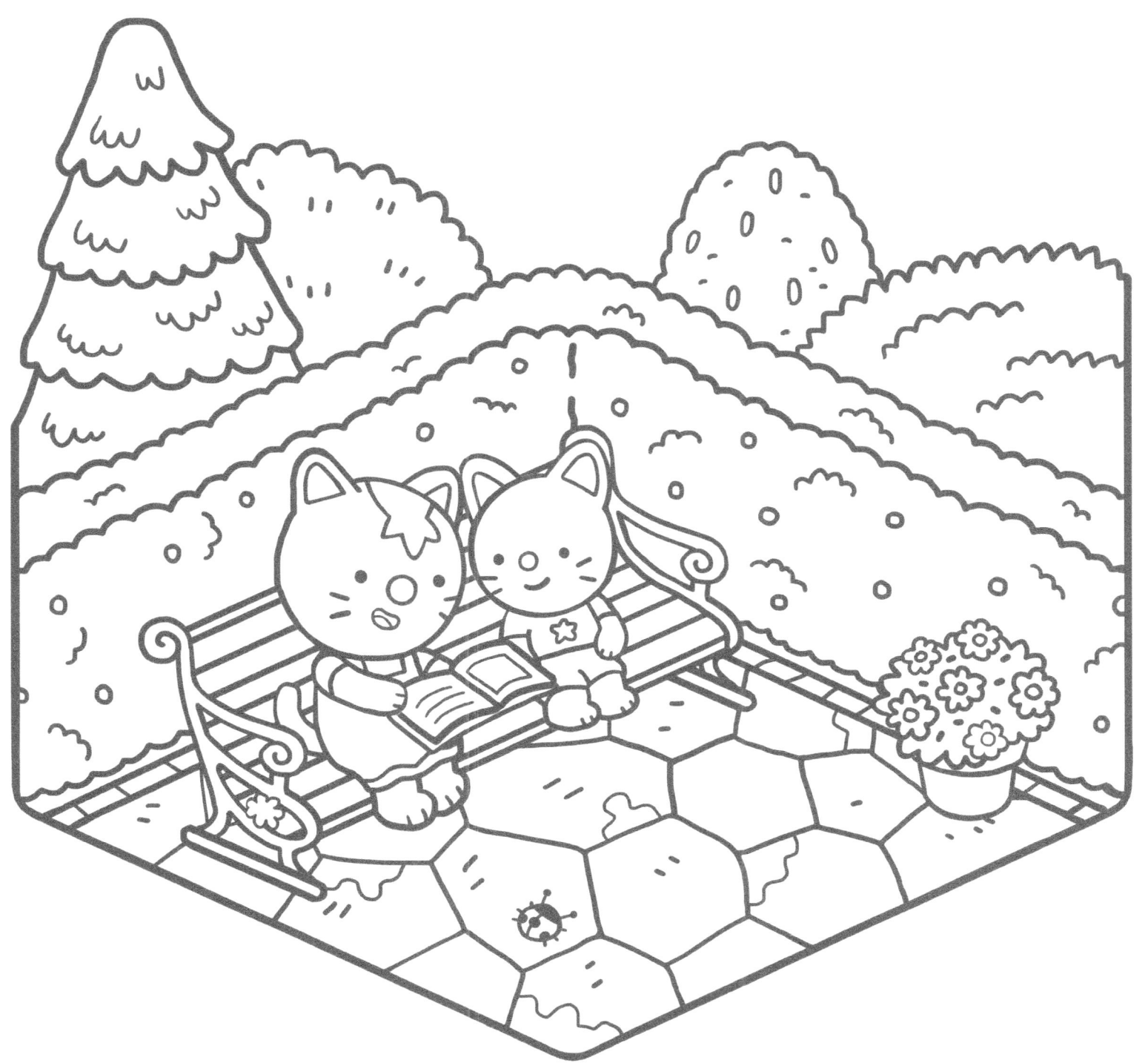

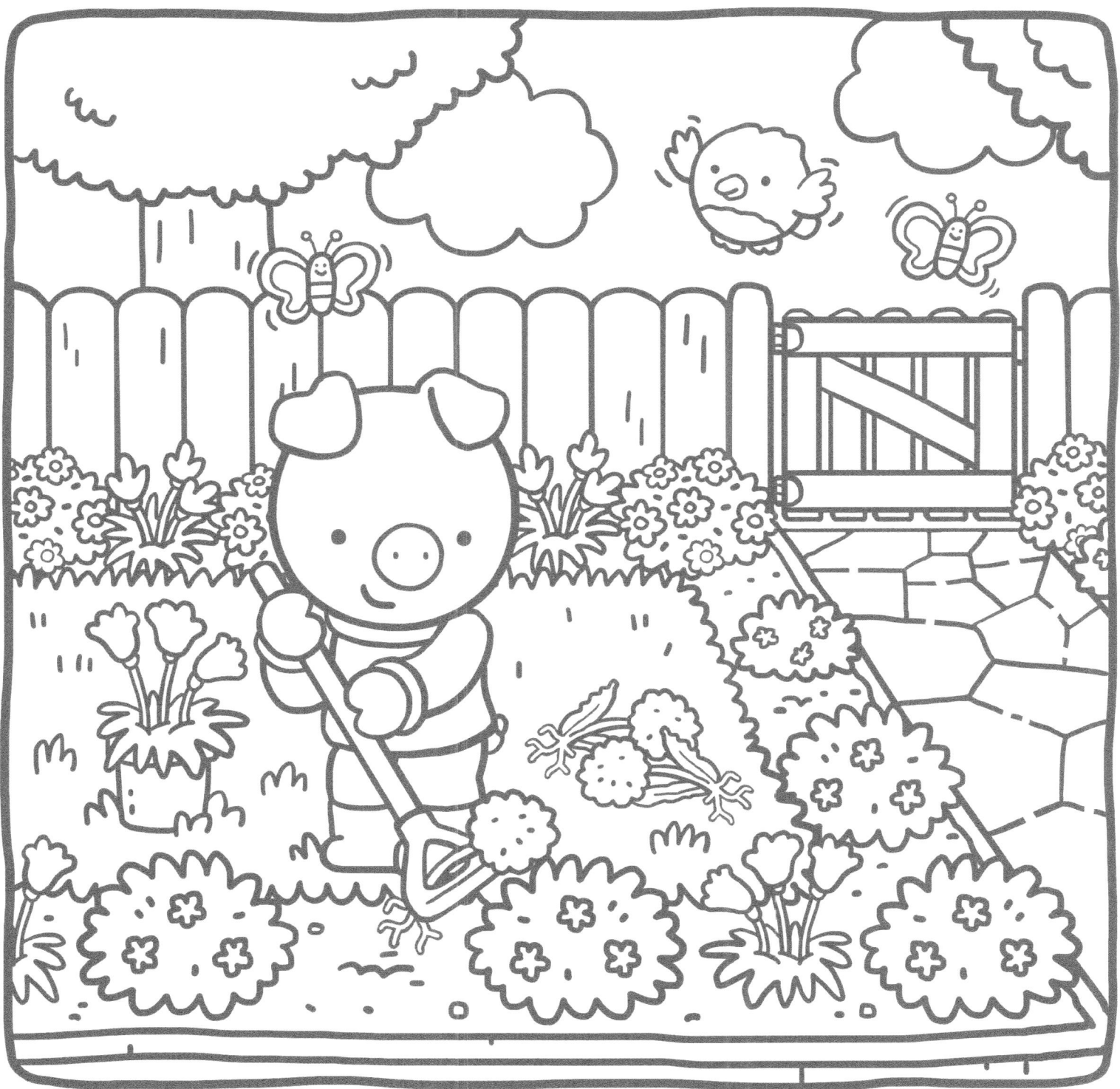

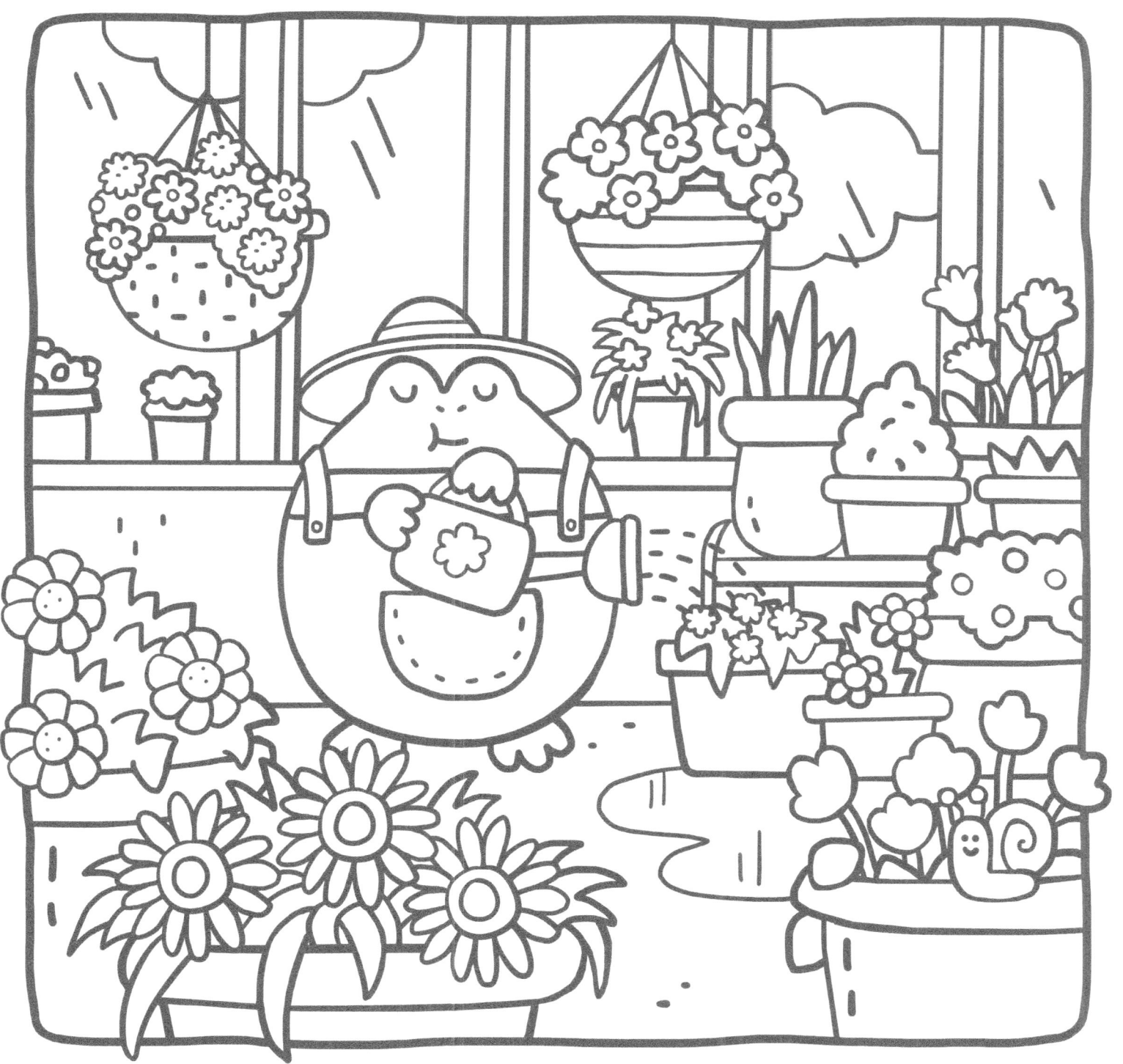

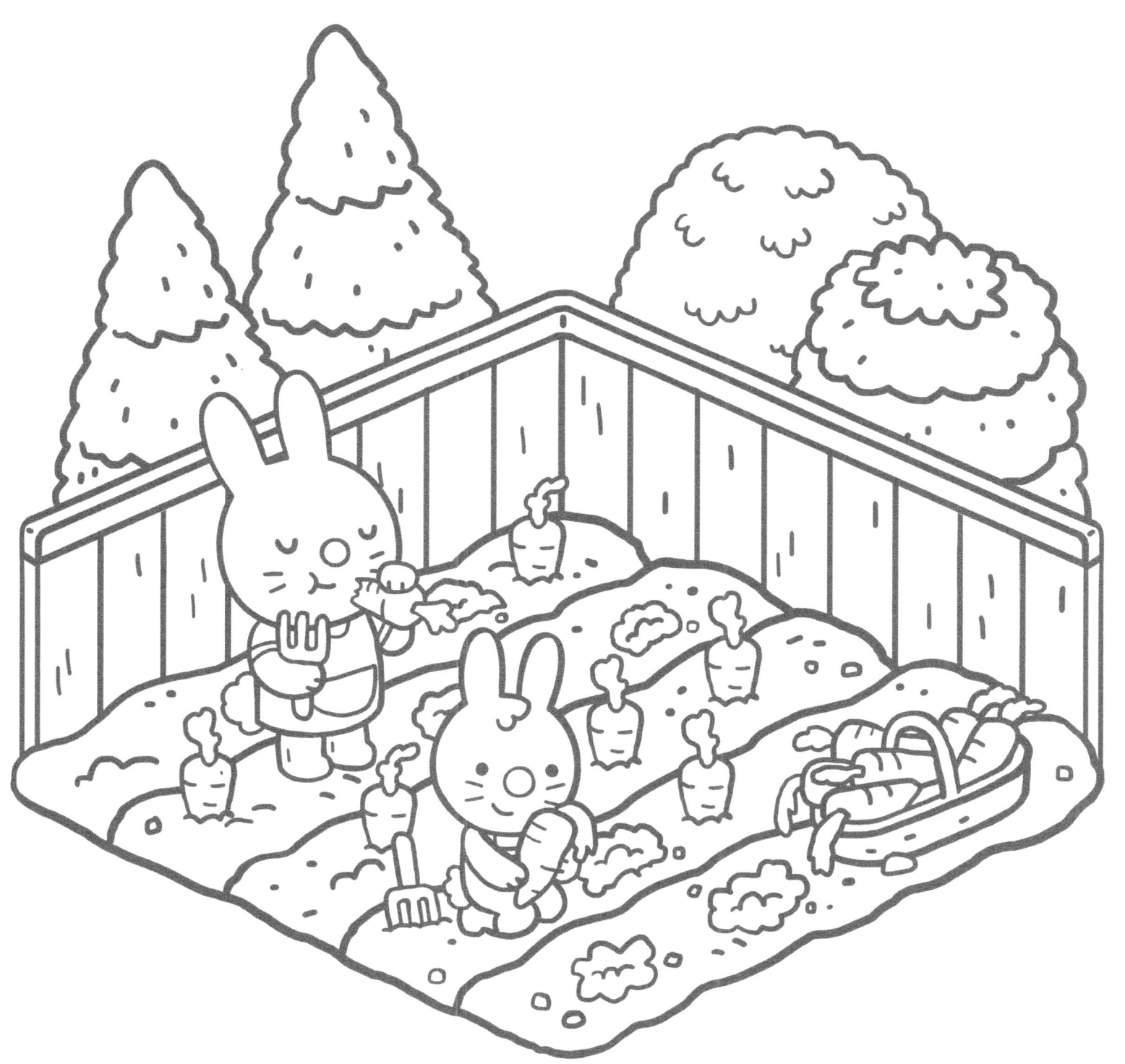

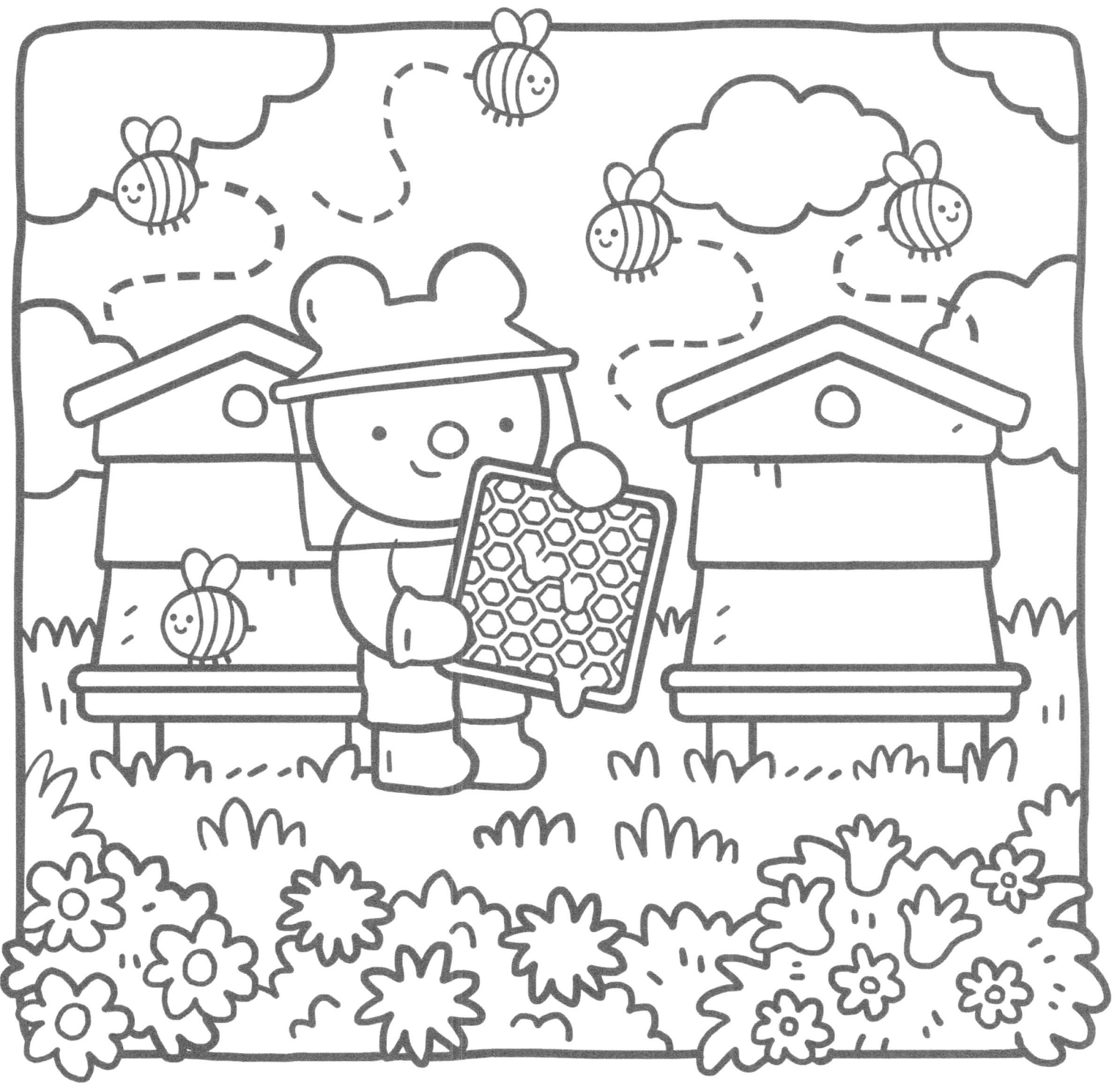

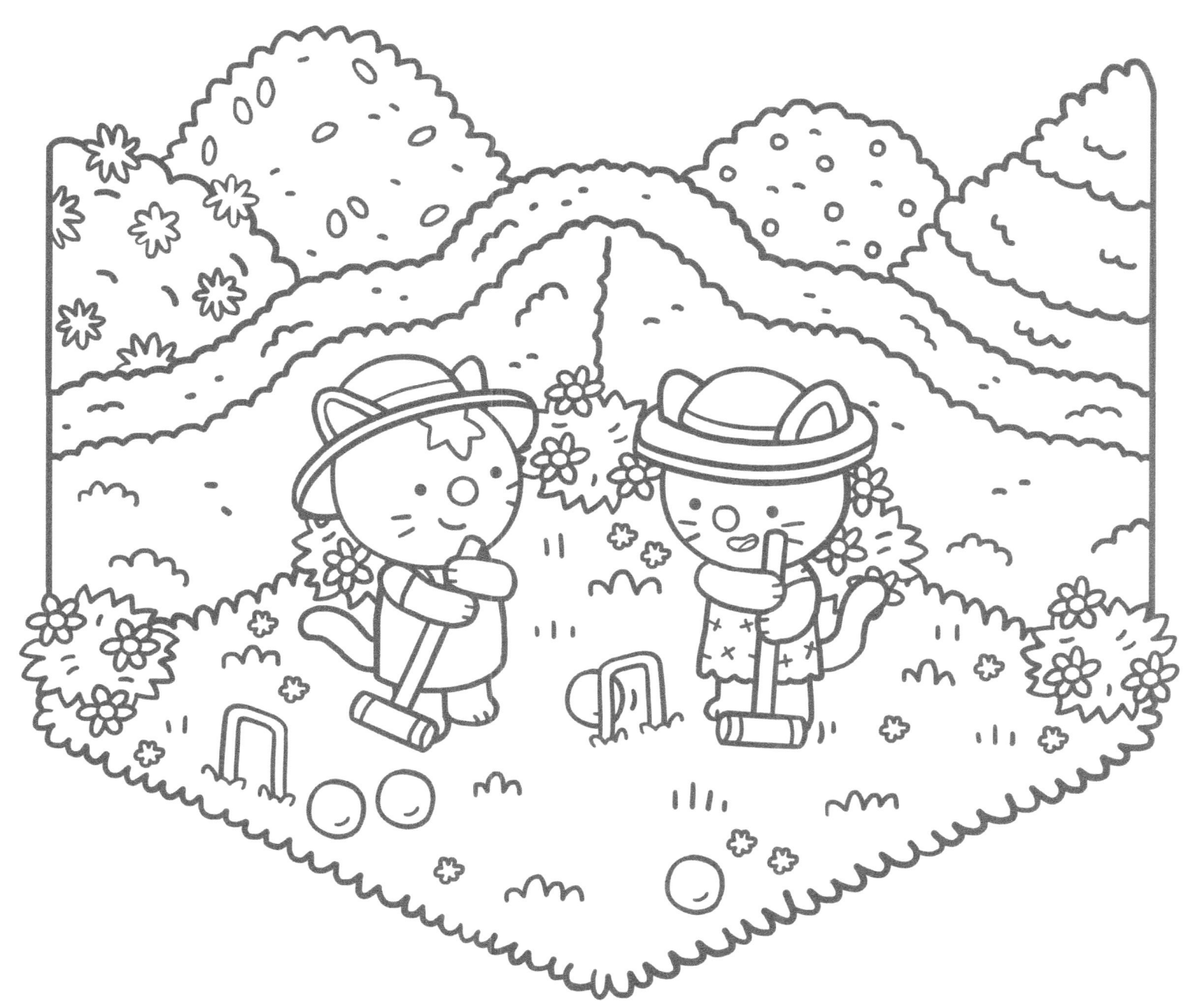

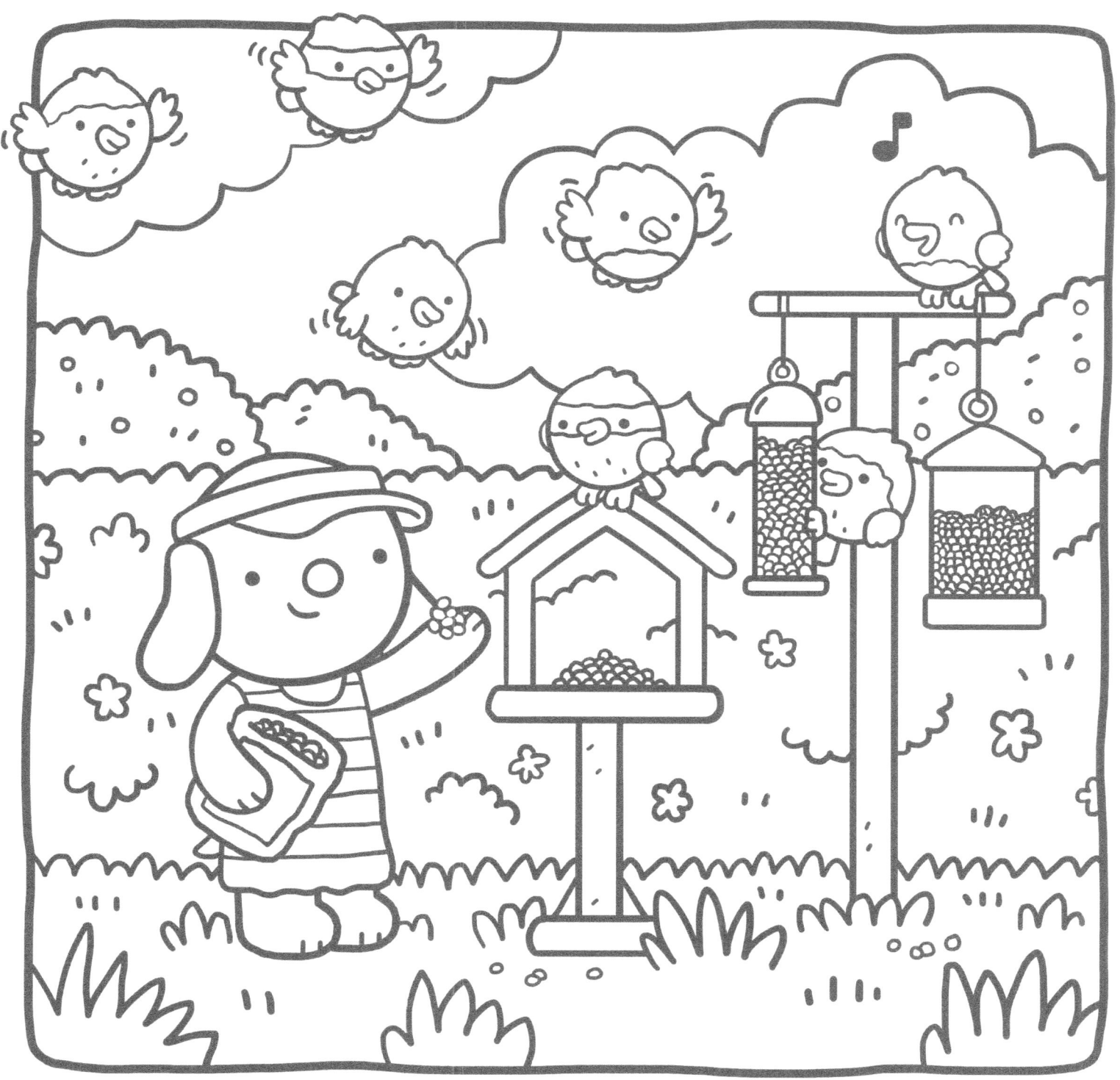

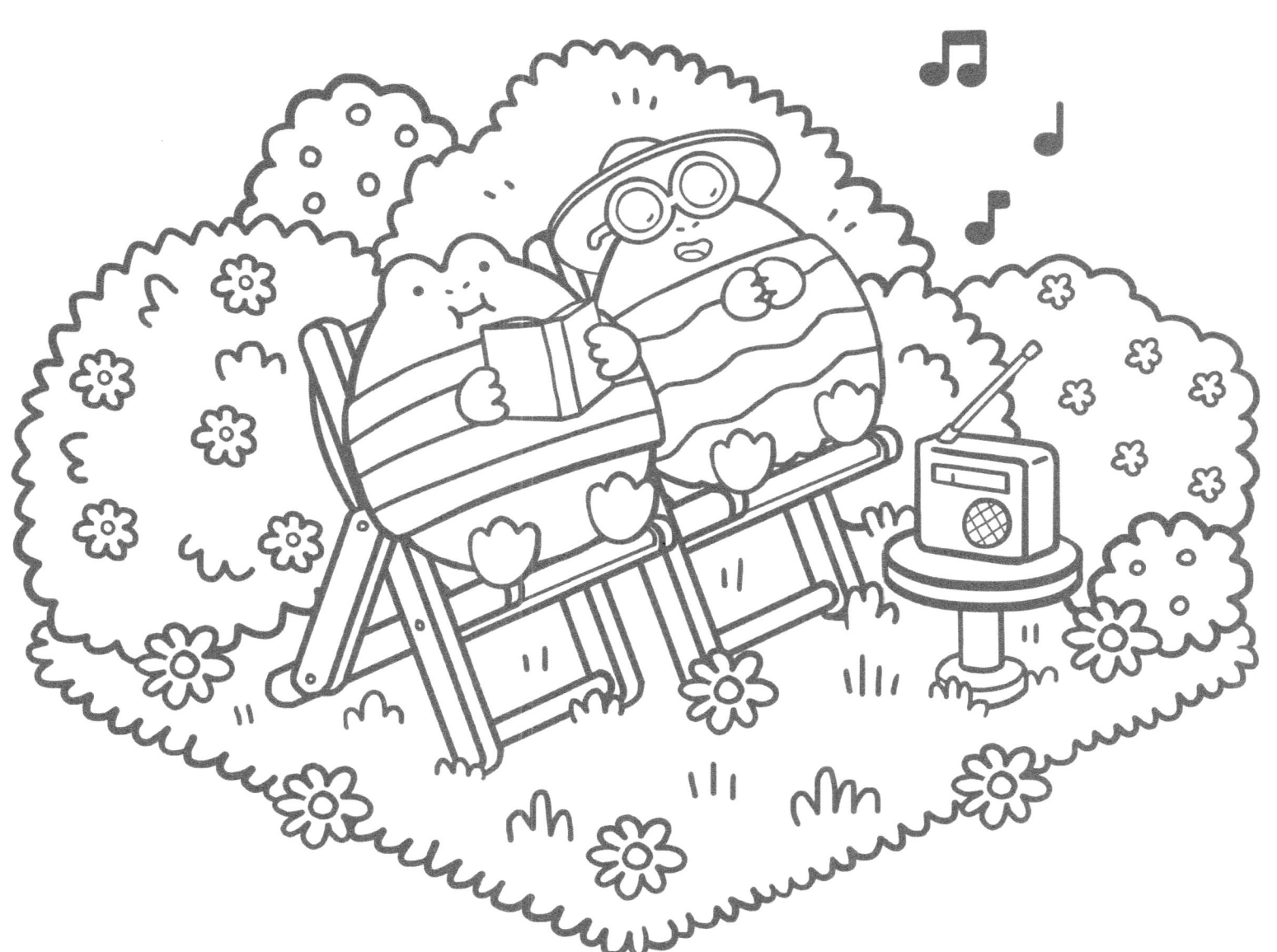

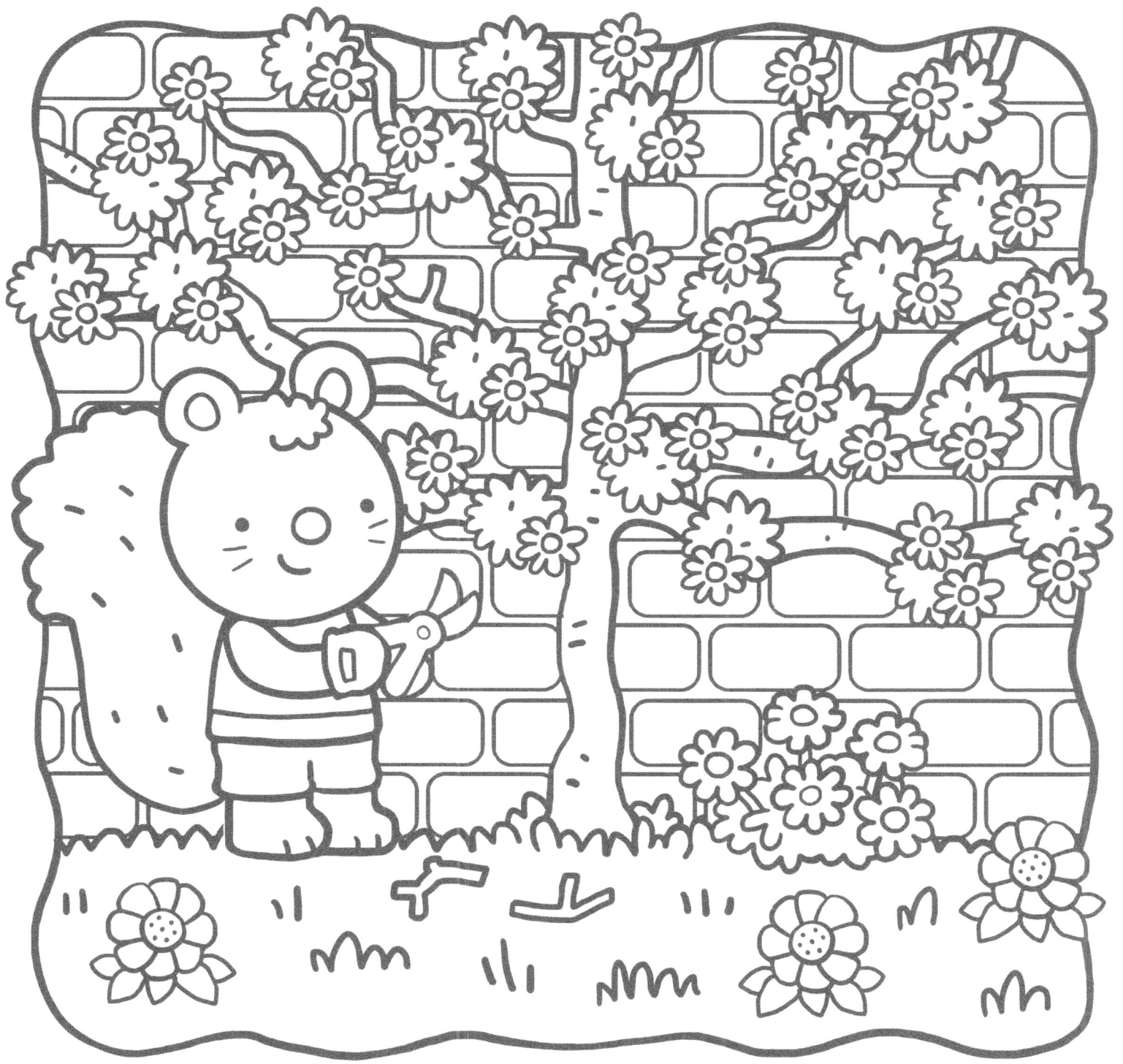

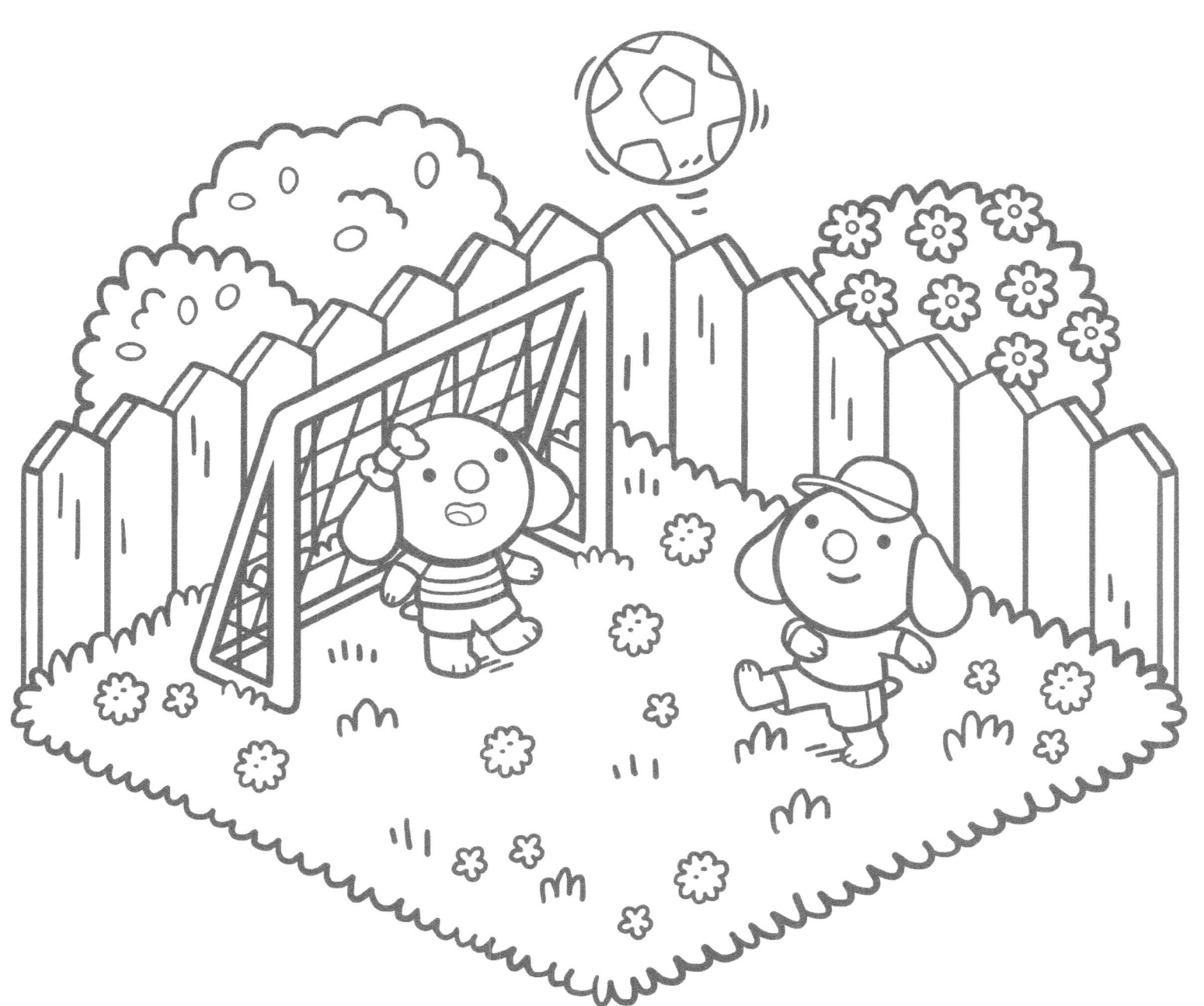

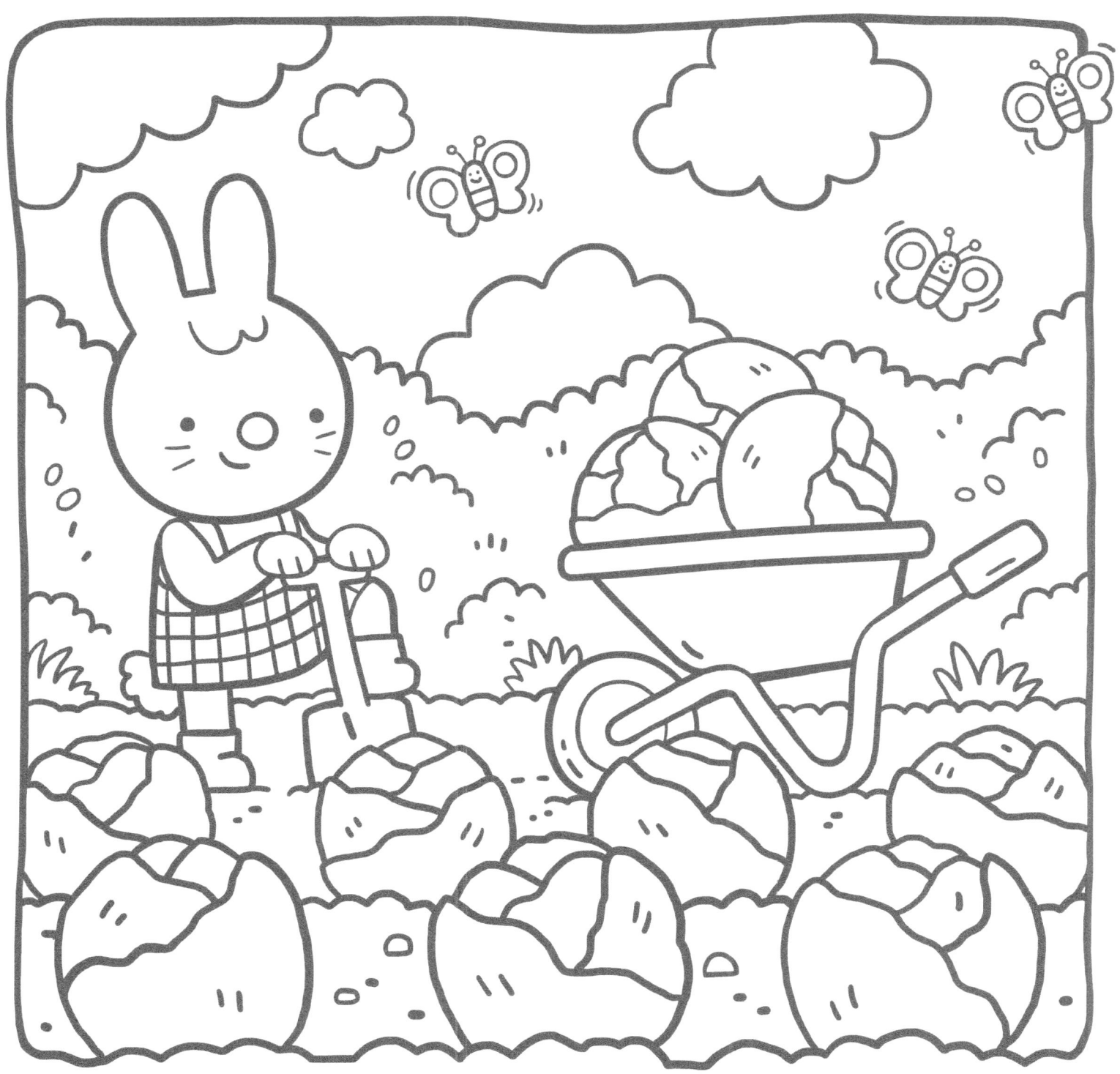

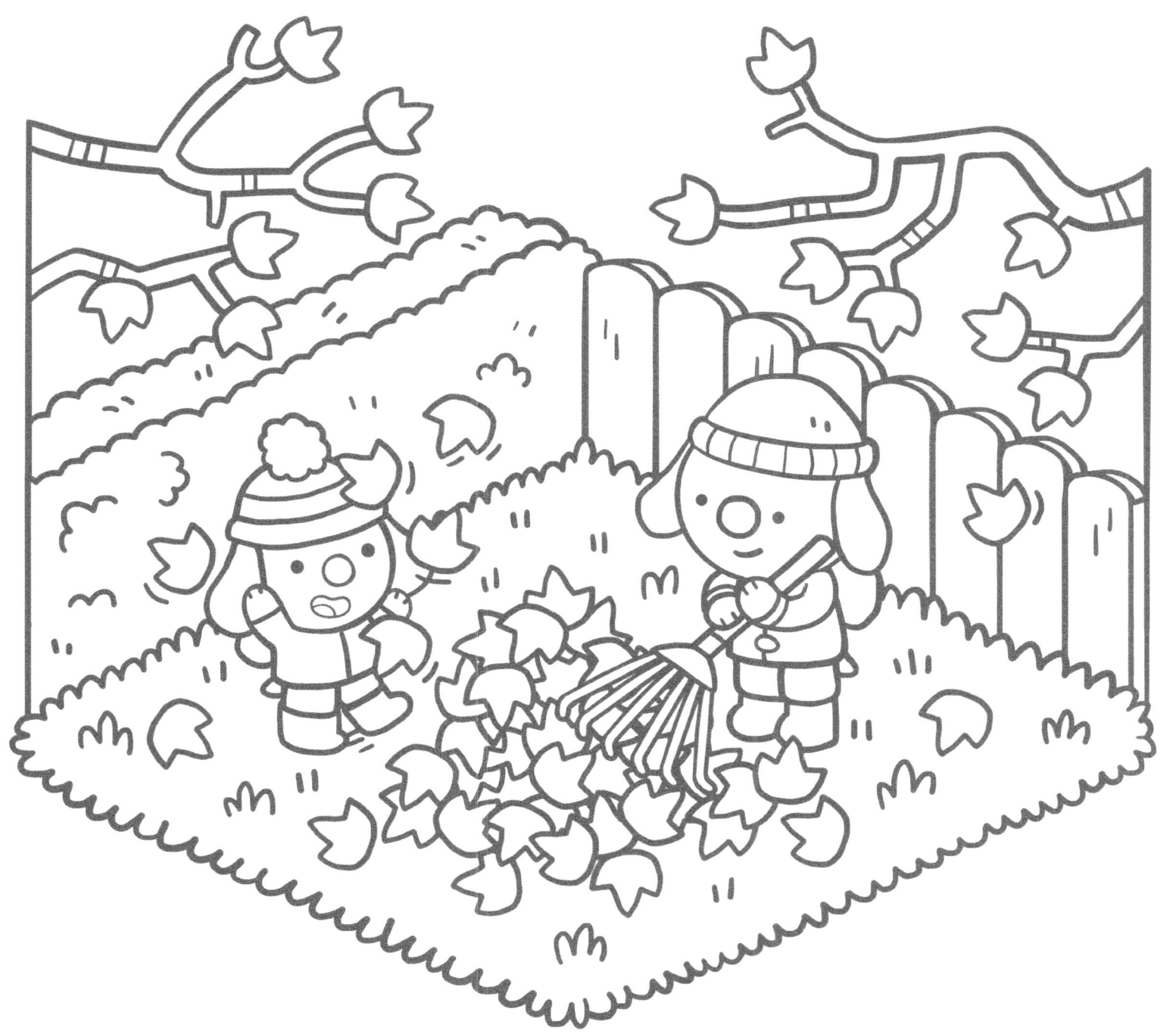

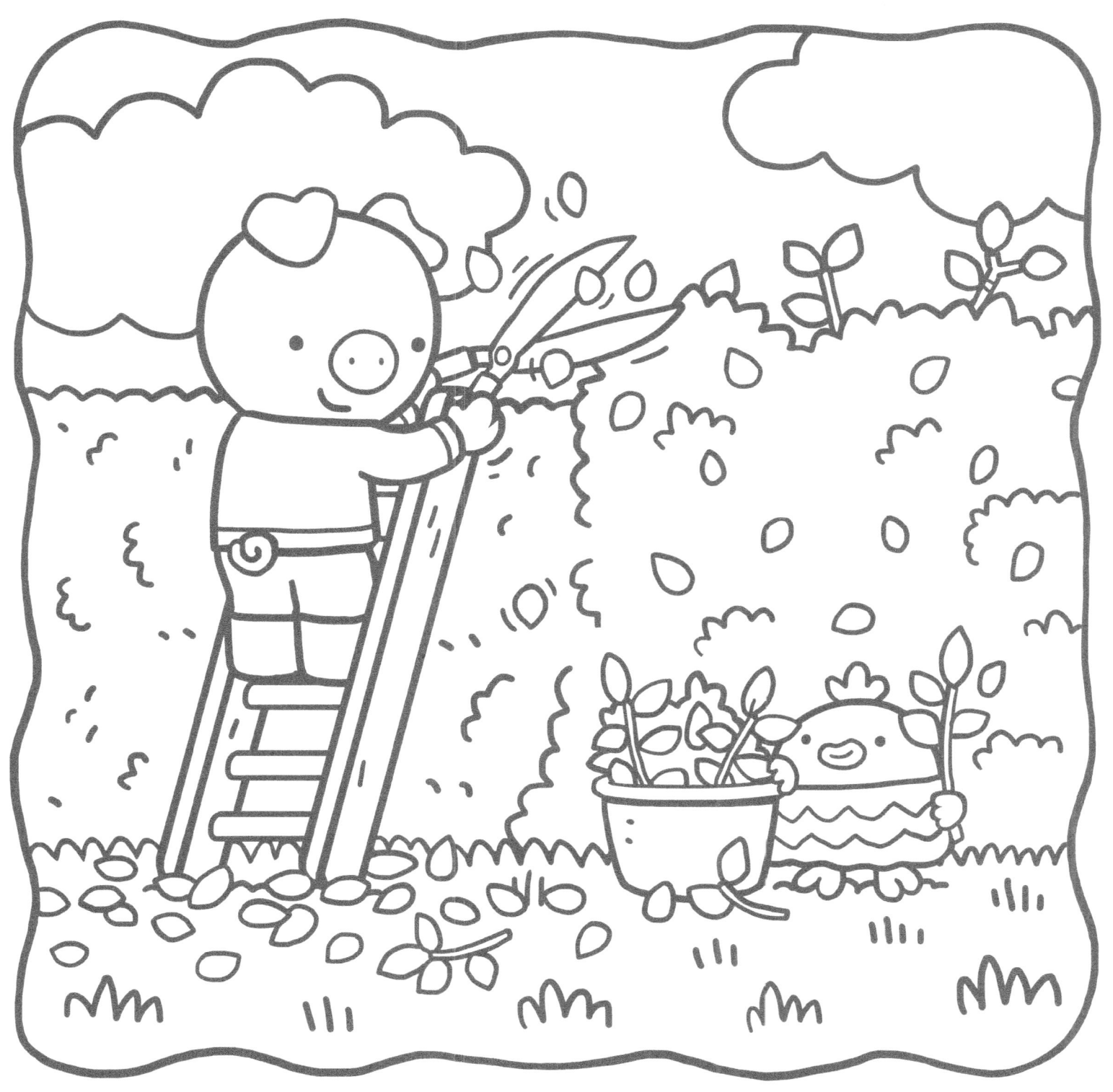

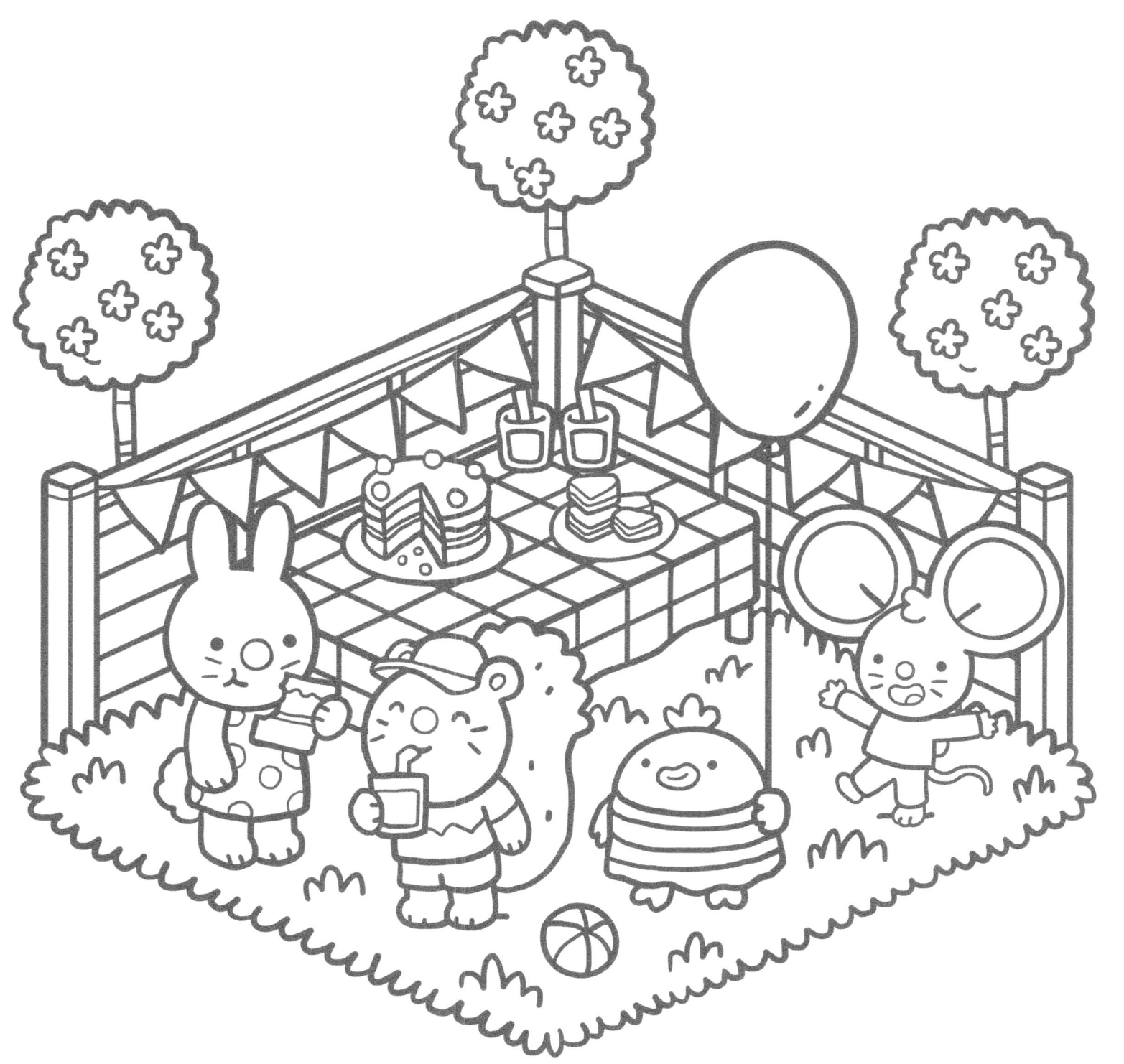

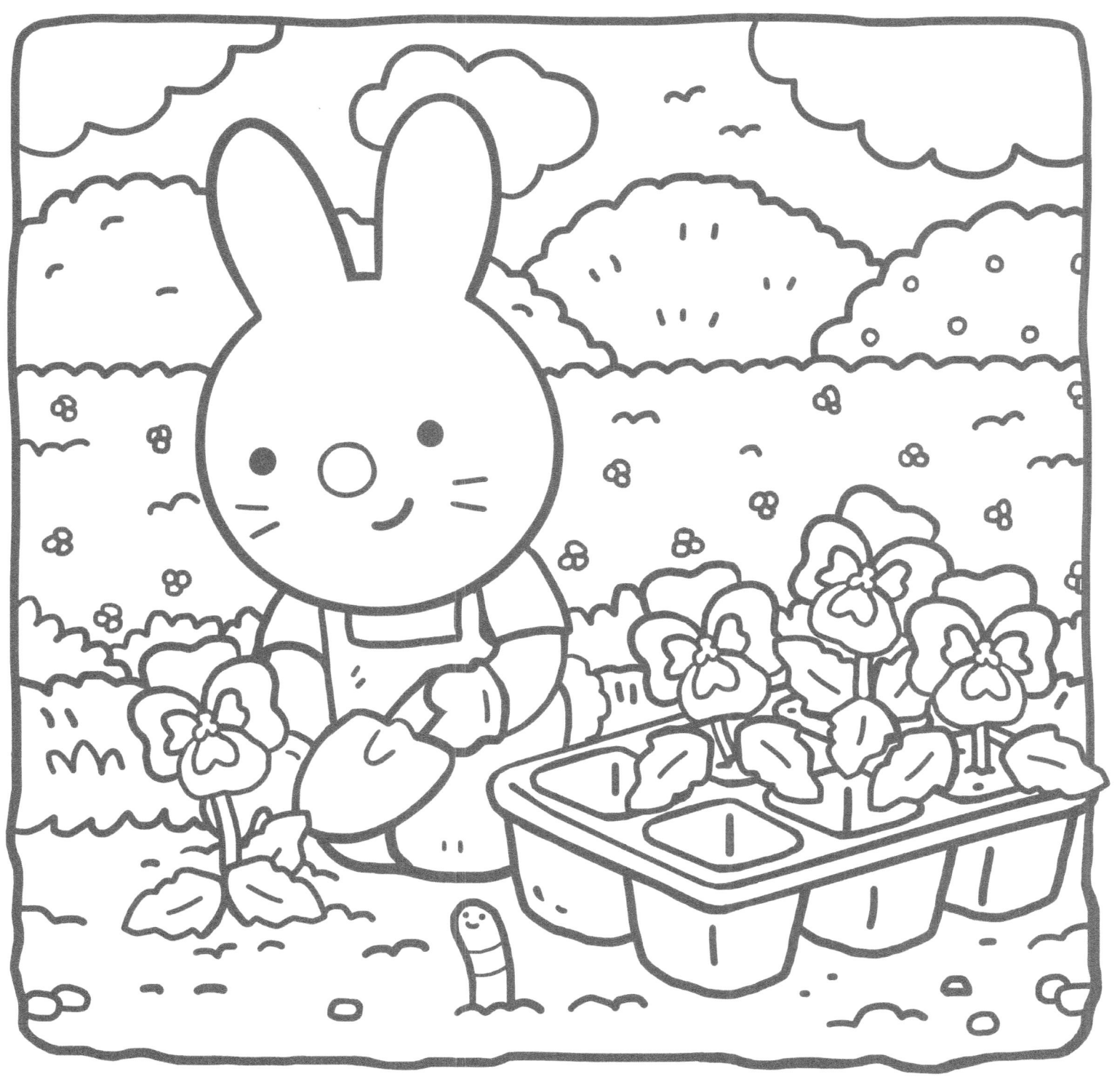

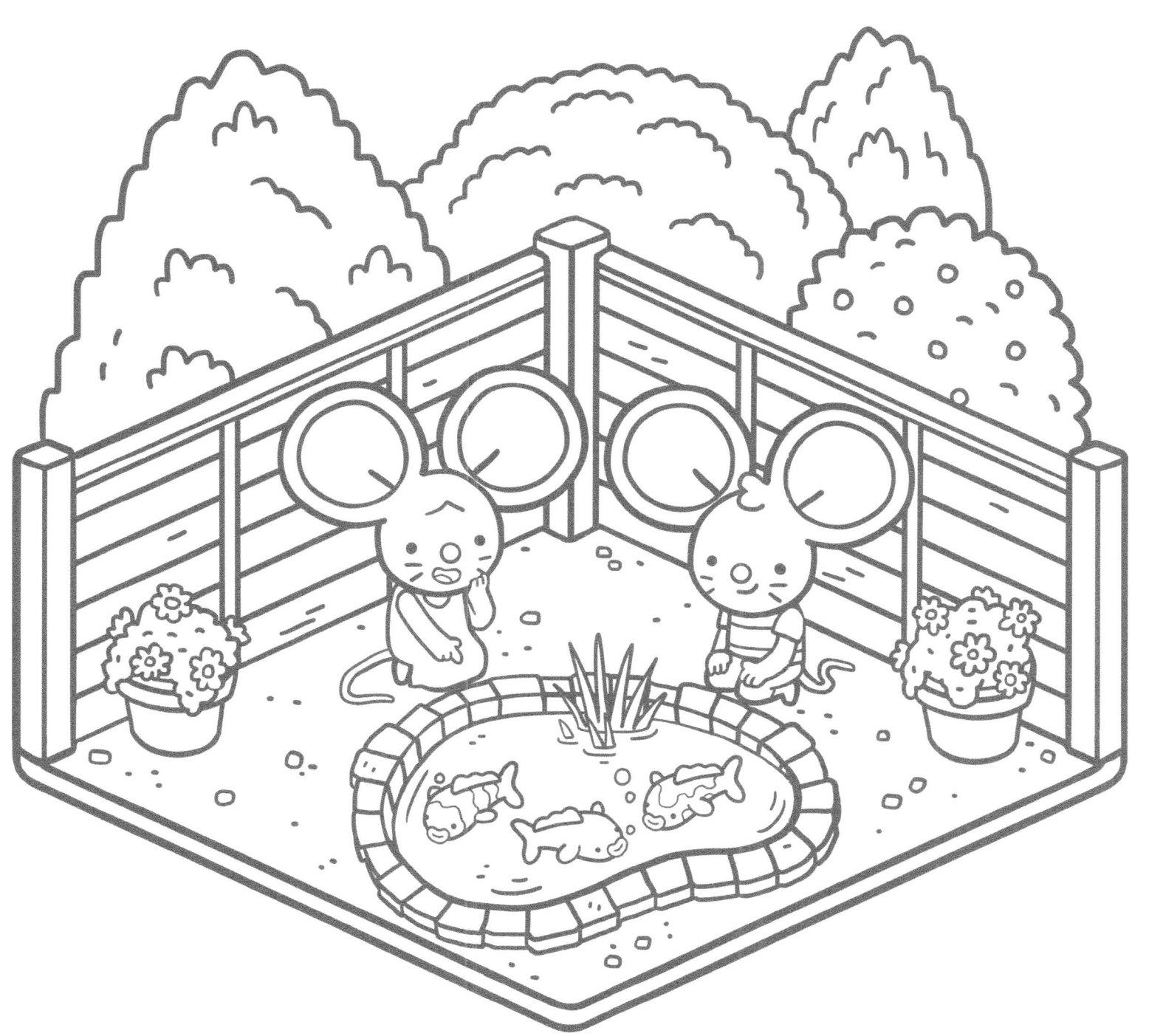

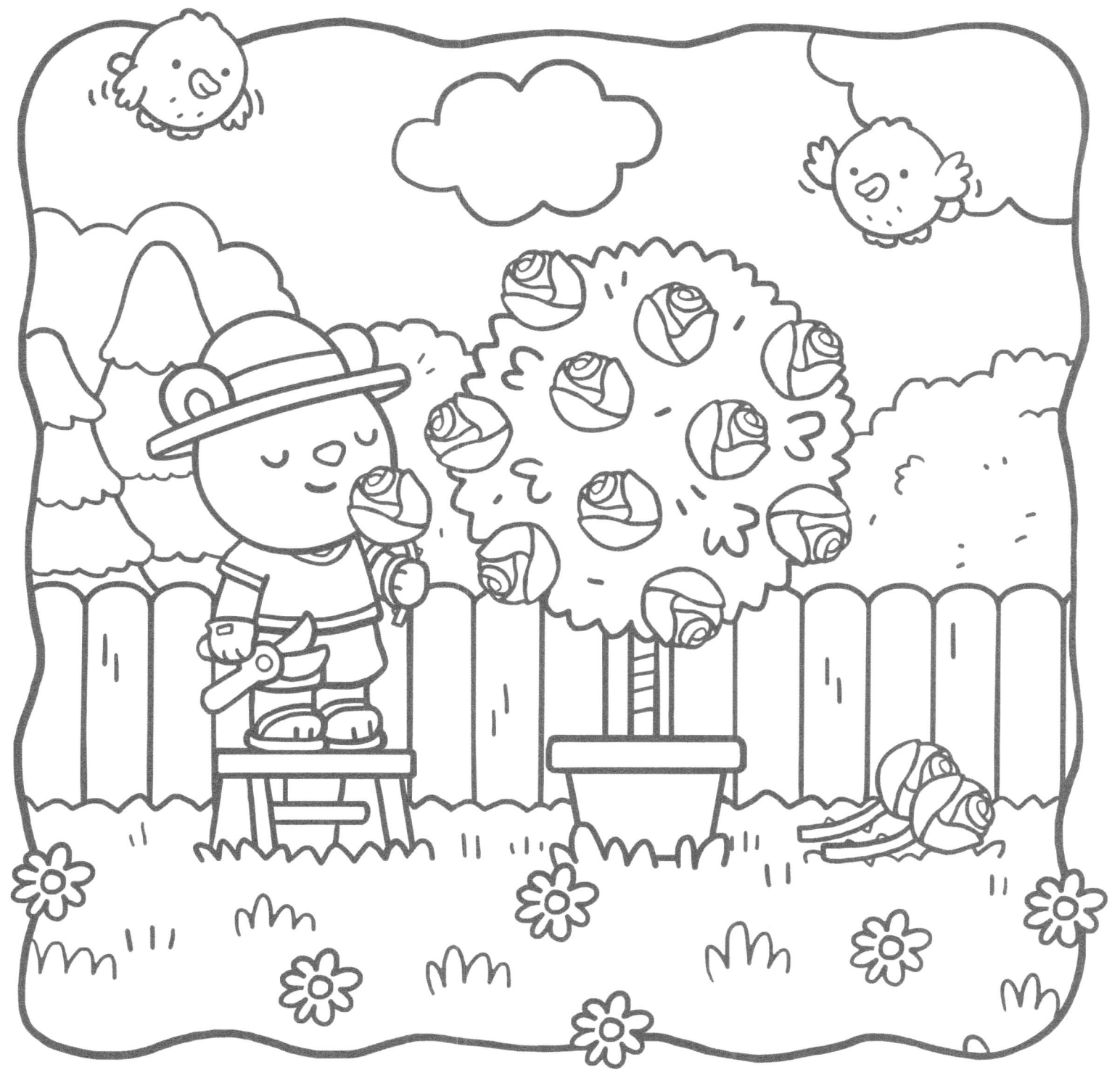

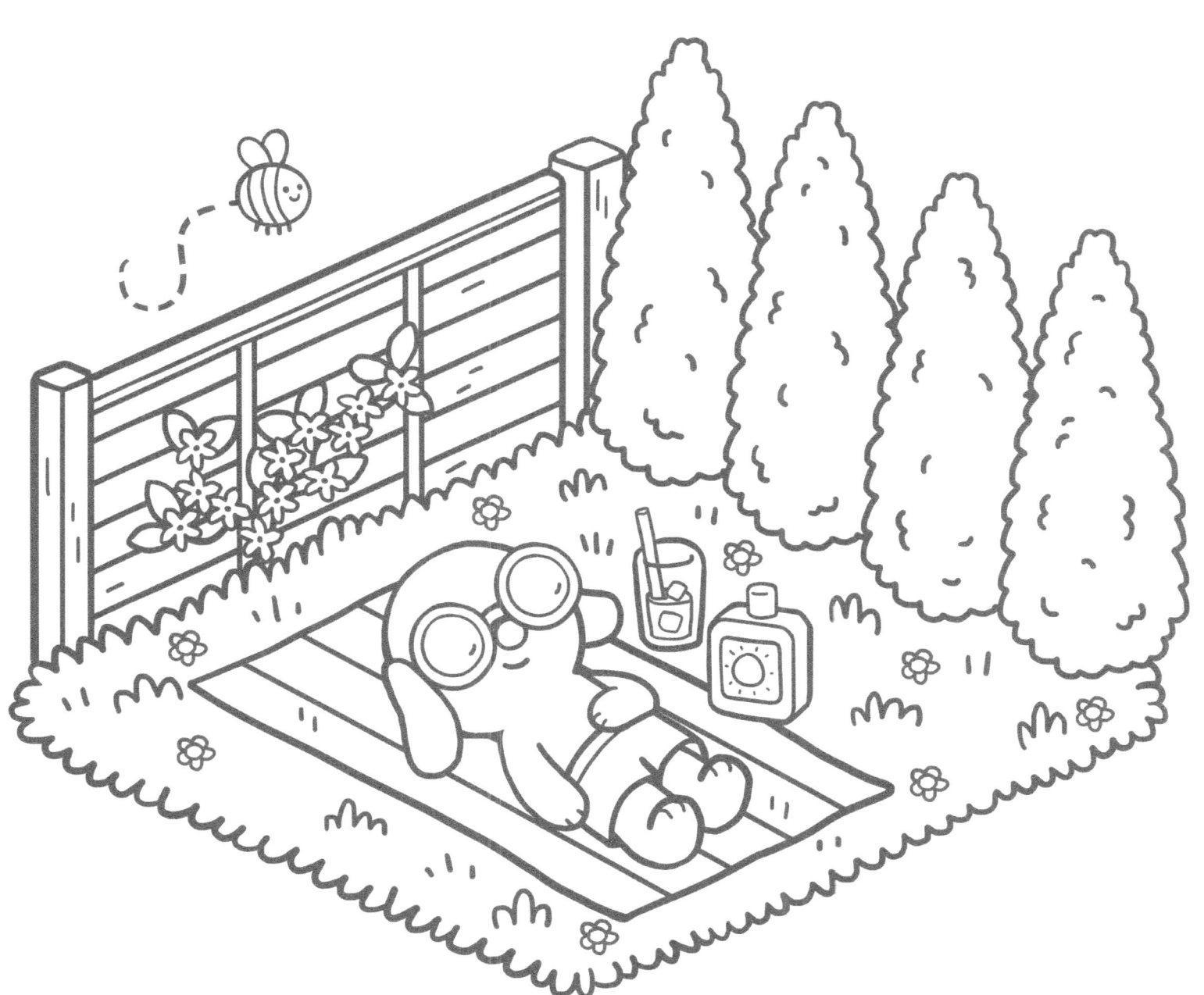

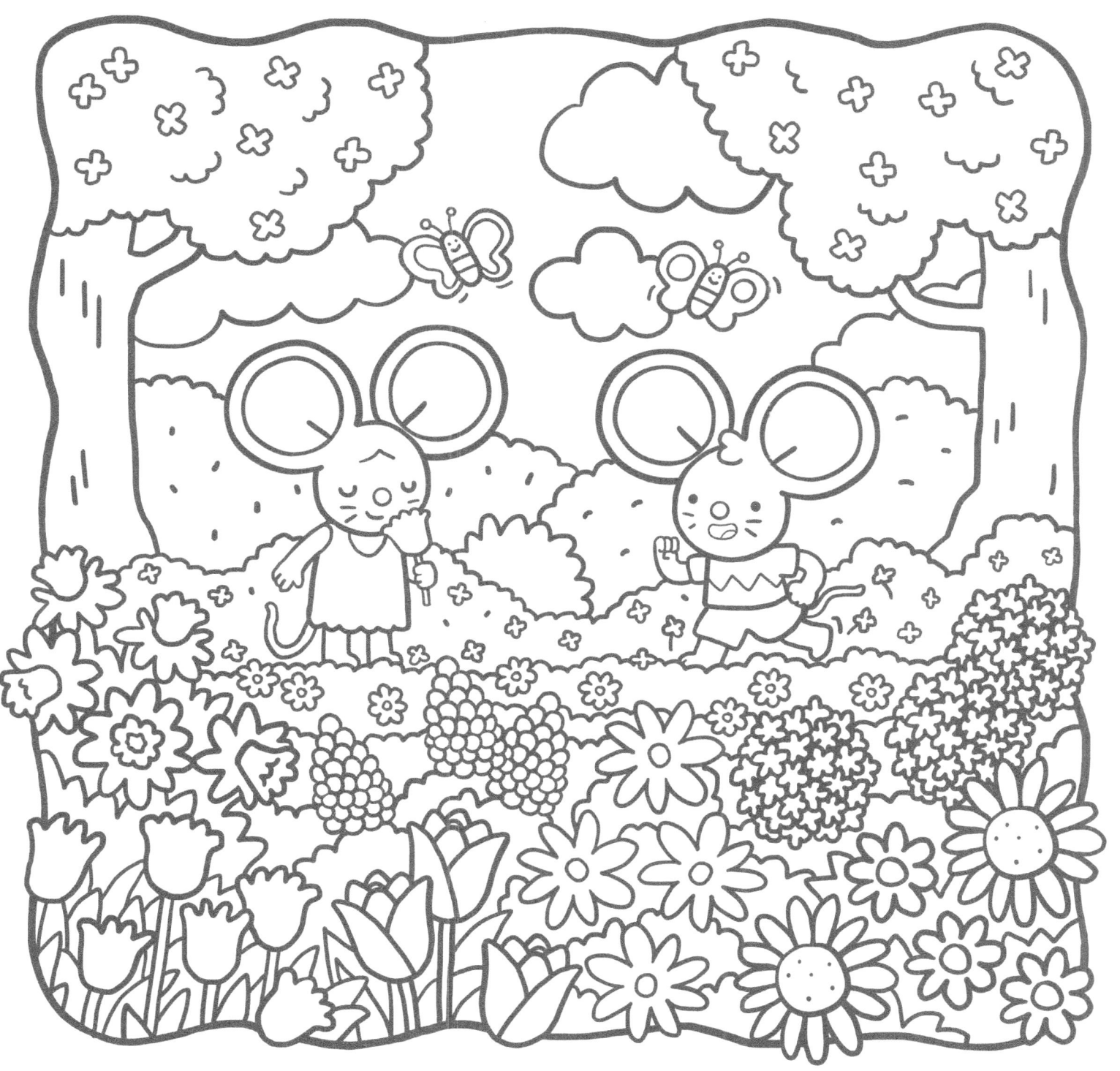

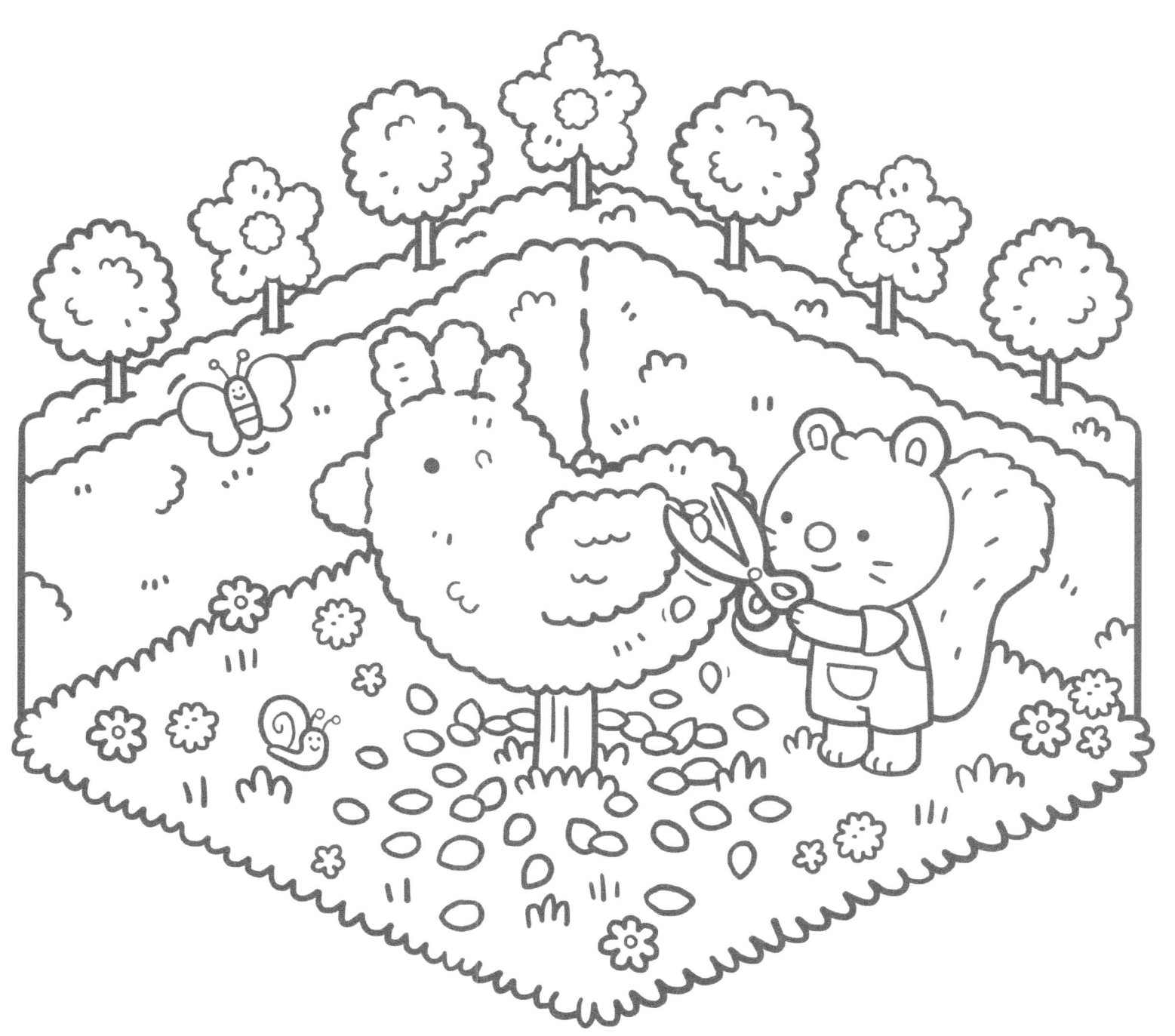

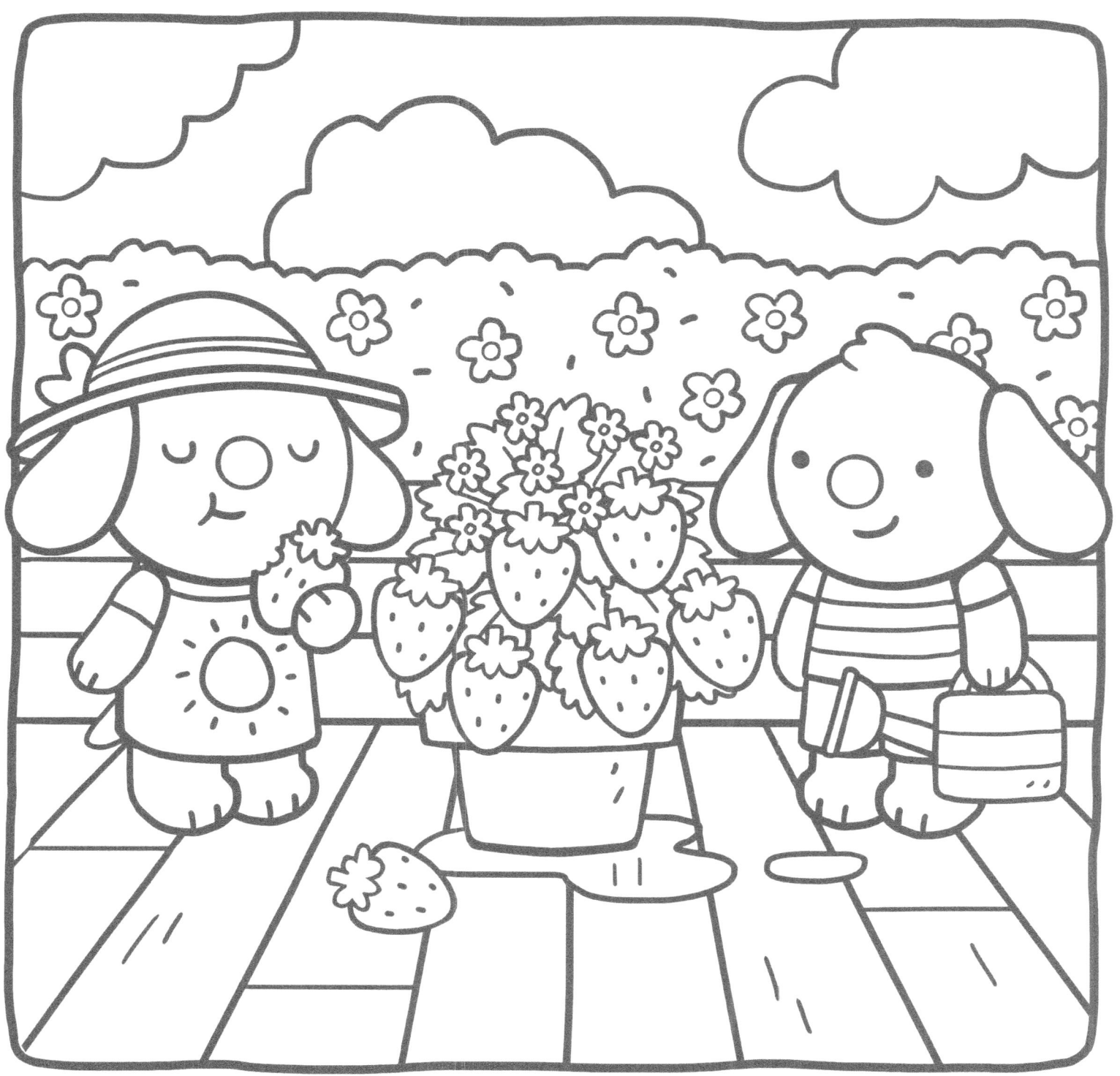

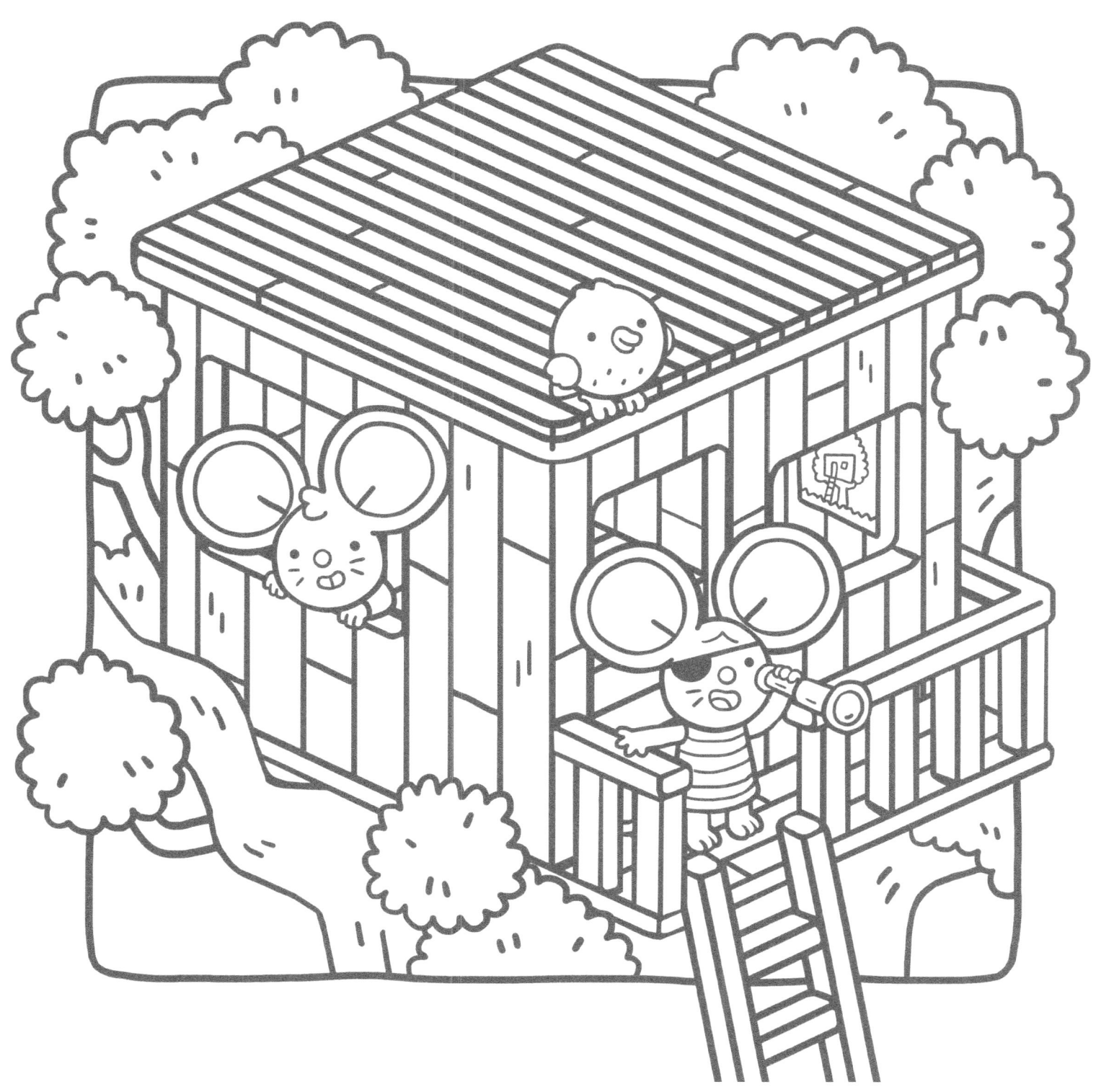

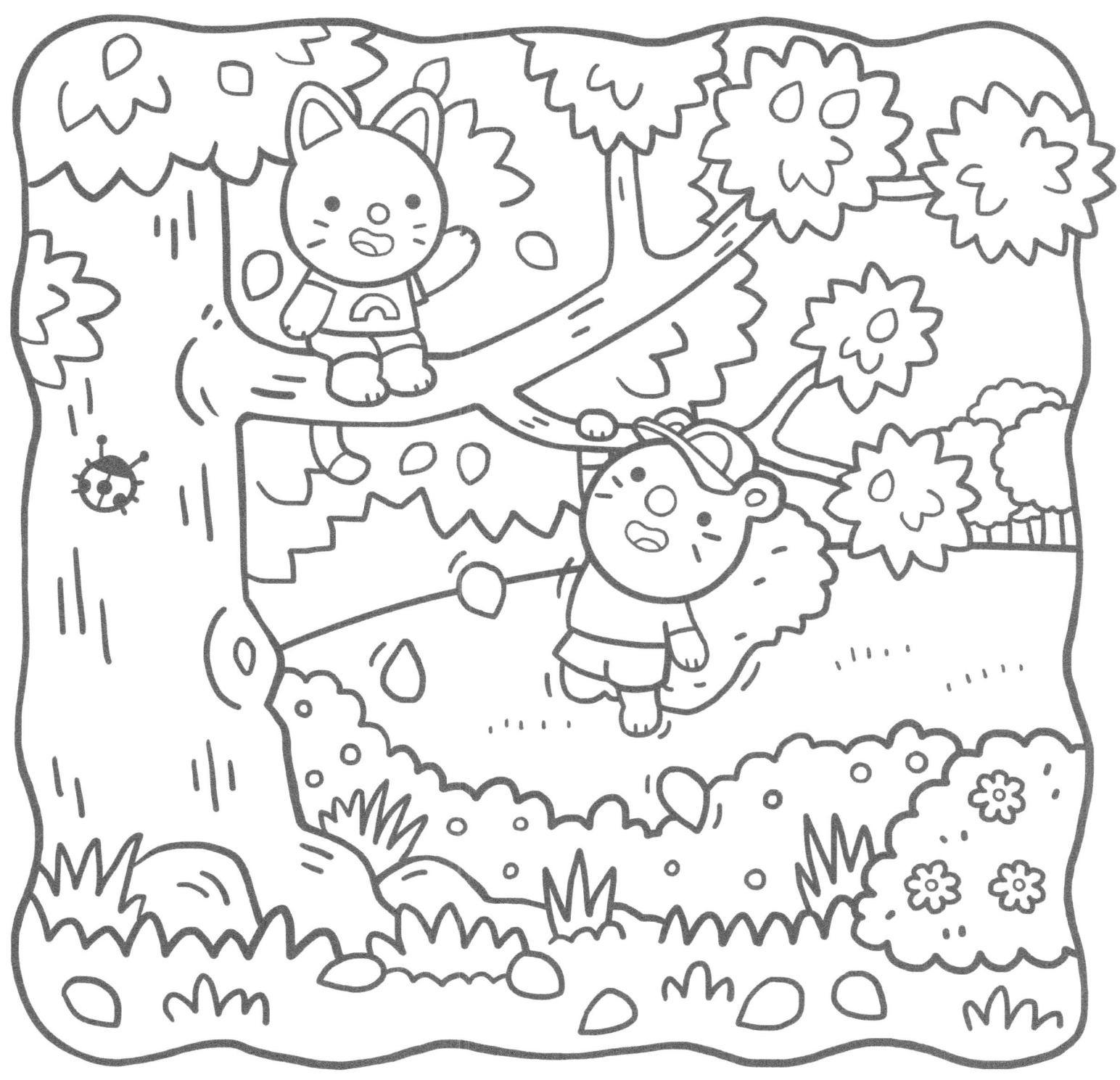

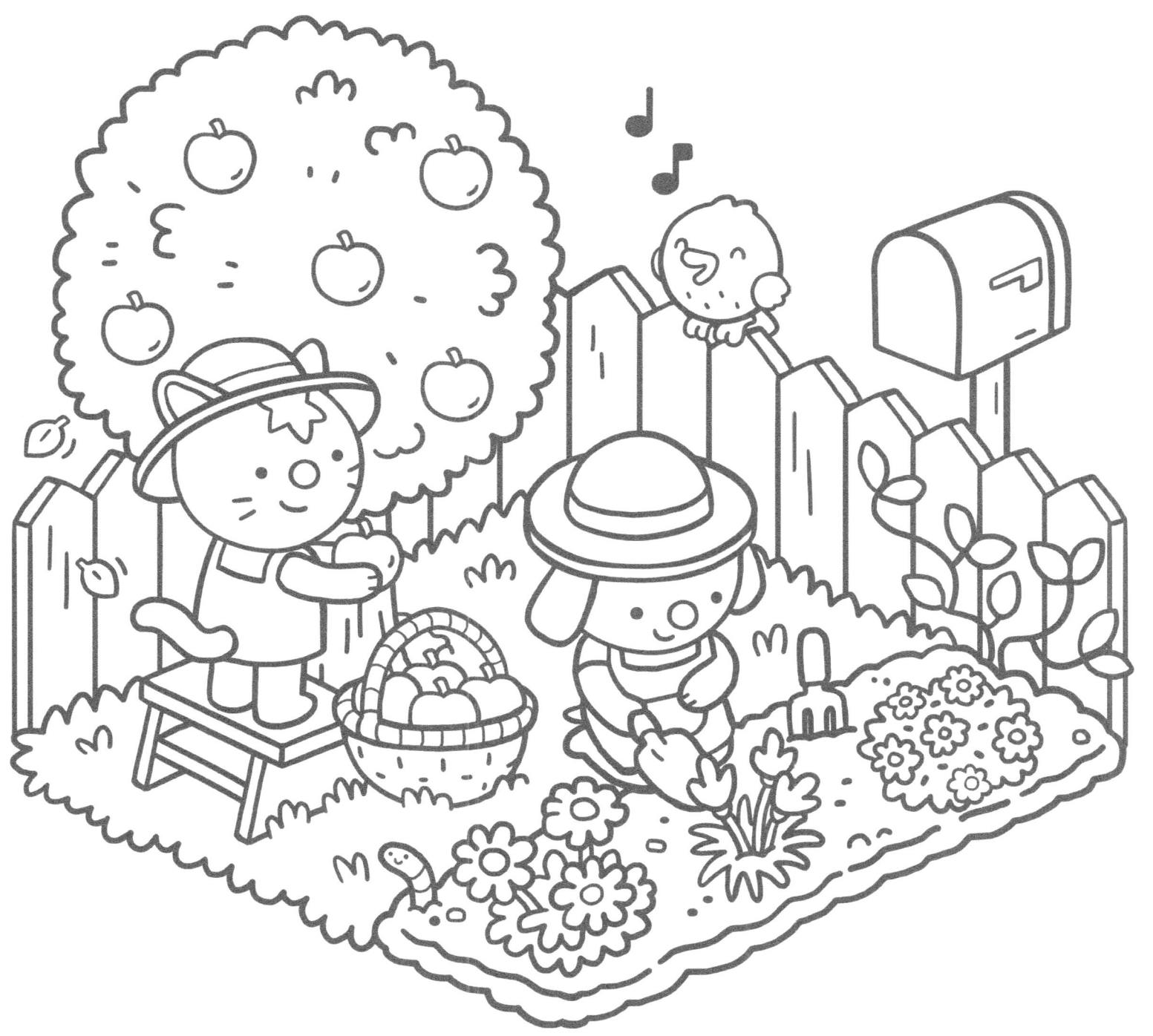

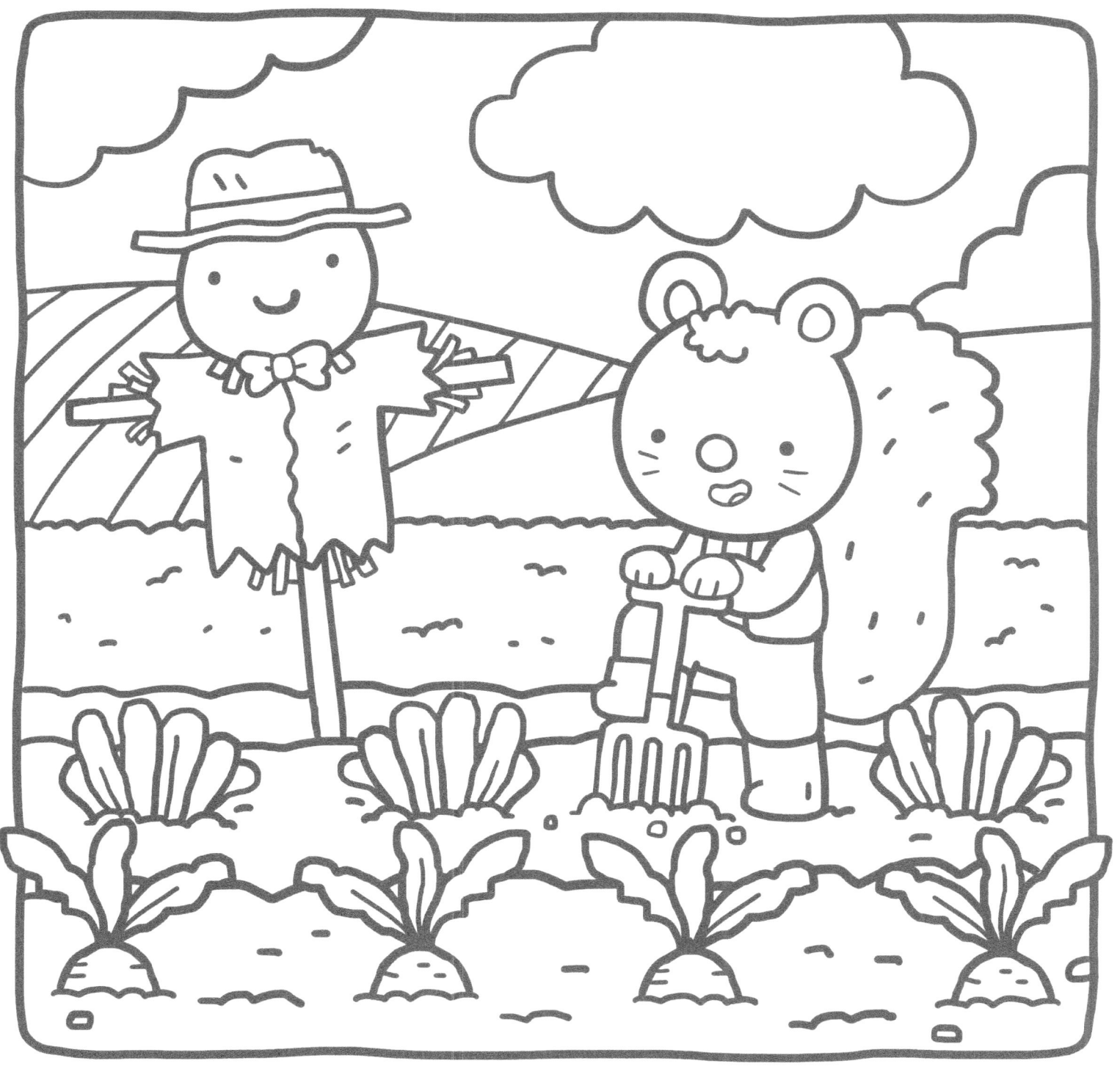